20 世纪中国图书馆学文库·29

图书馆藏书
与目录

陈鸿舜 编

国家圖書館出版社

本书据北京大学图书馆学系 1957 年讲稿排印

目　录

第一章 图书馆藏书和图书馆目录的意义和作用

第一节 图书馆藏书的意义和作用

图书馆是以图书对广大人民群众进行社会主义、共产主义教育的国家文化教育机关。图书馆协助着宣传和推行党和政府的政策,法令。图书馆的基本任务在于通过图书来向人民群众传布正确的政治知识和科学技术知识,宣传进步的文艺作品,培养他们的唯物主义世界观和共产主义道德,促进他们的科学研究,提高他们的生产知识和技能,鼓励他们积极参加祖国的社会主义建设,为完成我国过渡时期的总路线、总任务和发展国民经济的五年计划而奋斗。因此,我国的图书馆是社会主义文化的基地,马克思、列宁主义的宣传者,科学,技术、文学、艺术知识的传播者。这一切工作都必须通过图书才能进行。所以图书是图书馆工作的最基本、最重要的武器。

中华人民共和国文化部一九五五年"关于加强与改进公共图书馆工作的指示"中指出:公共图书馆的主要任务首先是:"收集、保藏并积极利用图书、杂志、报纸和其他出版物……"。一九五六年七月文化部召开的第一次全国图书馆工作会议,进一步指出公共图书馆一方面须为广大人民群众服务,另一方面也要为科学研究服务。同年十二月,高等教育部召开的高等学校图书馆工作会议也指出高等学校图书馆的任务是要以图书、杂志、报纸及其它刊物为教学服务和为科学研究服务。由此可见,图书是一切图书馆的基础,没有图书就不能有图书馆,这就说明了图书的收集和保管是图书馆的基本工作,只有作好了这项基本工作,图书馆才能很好地以书刊为广大人民服务。图书馆工作者应该深切体会到图书馆所有的图书乃是一切图书馆所借以进行工作的文化的和物质的基础。因此,建立图书馆的第一步就是建立起它的藏书。

"图书馆藏书"这一概念所指的就是图书馆搜集来的和保管着的全部图书以及其他印刷物的总和,也可以称为"书藏"。这是一个庞大的、复杂的、内容极其丰富而多式多样的,并且是继续不断增长着的文化宝藏。它代表着现时代以及过去时代人们在政治、社会、科学、技术、文学、艺术各方面的、各种程度不同的成就,是我们建设社会主义、共产主义社会文化的源泉。即使是在仅有几千册藏书的小型图书室里,它依然是一支具有无比重要、帮助人们前进的力量。

建立图书馆藏书必须经过一定的程序,就是要经过采购、登录、分类、编目、技术加工和典藏这一系列的工作。采购指的是图书的选择,访求、征集、购买和交换等工作。登录就是把采购来的图书依照一定的方法登记在准备好了的簿子上。分类就是把登录过的图书按照一定的知识体系和一定的方法分门别类地组织起来,成为一个有条理、有系统的整体。编目就是把已经分类的图书依照一定的方法编制成各式各样的记录,以便从各种不同的方面向读者揭示出馆中所有的藏书,并帮助他们选择自己所需要的材料。技术加工就是把已经编目的图书加以一定的装饰,使图书馆员们能够在工作中顺利地管理它们。典藏就是把经过上述一系列处理手续的图书按照一定的方法收藏在一定的地方,并保护它们的完整,以便利读者们的使用。所有这些工作都是建立图书馆藏书的必要过程。建立图书馆藏书并非仅仅是搜集、采买一批图书就算达到目的,必须经过一系列的其他工作,图书才能便于读者的使用。这一系列的工作就是我们这个课程所要研究的对象。

这一系列工作是很复杂而细致的，它们是图书馆中比较具有技术性的工作。进行这些工作必须要有专门的技术训练，不掌握熟练的图书馆技术就不容易做好图书馆工作，特别是科学图书馆的工作。克鲁普斯卡娅曾经说过："有很多事情都取决于图书馆技术问题——图书的保管，图书财富的充分利用，读者需求的满足，甚至于图书馆的政治面目。"由此可见，图书馆技术对于图书馆工作具有何等重大的意义。但是我们不能由此得出结论，说这是图书馆中唯一重要的工作。图书馆的主要工作在于以图书为居民服务，在于以图书对居民进行共产主义教育，在于图书的充分利用和满足读者对图书的需要。图书利用是图书馆工作的目的，而建立藏书的技术工作乃是一种手段，一种准备工作。不能为了手段而看不见目的；也就是说，图书馆的技术应该为图书馆的主要任务服务。我们要掌握图书馆技术就是为了要更好地以图书服务于居民，服务于国家的利益。

图书馆藏书的内容是极其丰富多样的。图书馆收藏着成千累万的图书、杂志、报纸和其他各种印刷物。这些刊物宣传着马克思、列宁主义的理论，科学和艺术方面的最新成就，工业、农业以及其他各种技术方面的先进经验。它们也是和人们意识中资产阶级思想残余作斗争的强大武器。它们的题材是丰富而多样的。它们有着各种不同的深浅程度，有着各式各样的用途。图书馆必须采取种种措施来保证居民能充分地利用这些宝贵的财富，必须设法使它所藏的图书成为社会居民公共享受的财产，必须使每一个读者能够获得恰恰适合自己要求的图书。

为了达到上述的目的，图书馆对于自己的藏书必须首先有计划，有目的地进行选购，并加以合理的组织，然后充分地披露出来。图书馆必须对采集来的一切图书进行合理的组织。藏书组织工作是图书馆工作中的一个重要部分。什么是合理的藏书组织工作呢？藏书组织工作意味着将图书准备好以供读者的全面利用,同时也意味着社会主义财产的登记和保管。藏书组织工作就是图书到达图书馆以后的登录,加工和典藏等工作。

图书馆所藏图书必须编制目录。图书馆既然以供给读者全面利用其藏书为目的,那就必须采取种种措施来把图书馆藏书内容向广大读者群众介绍出来。分类和编目就是揭示图书馆藏书内容的主要手段。由于分类和编目的结果,便产生出了图书馆所有的各种目录。

图书馆目录是揭示藏书的工具,因此它的内容必须和图书馆藏书的内容相适应,就是说,它必须代表图书馆的全部或一部分的藏书。图书馆的目录必须以图书馆的藏书为对象。图书馆藏书之能成为人民共同享用的社会主义财产,大部分依赖于编制得法的图书馆目录。

第二节　图书馆目录的意义和作用

那么,什么是图书馆目录呢？图书馆目录从其作用来讲,是为了以共产主义教育读者和积极协助社会主义、共产主义建设的目的,揭示图书馆藏书内容来宣传图书,指导阅读的工具。图书馆的目录是多种多样的,但它们彼此之间紧密联系起来成为一个有组织的体系。这一整个体系称之为图书馆目录。每种目录都有自己的一定目的和任务;但它们都服务于同一的主要目的——以披露图书馆藏书内容的方式来向读者推荐、宣传优秀的图书,并帮助他们、辅导他们选择他们在学习中、工作中、科学研究中、自学中所需用的图书。因此,图书馆藏书的利用,就十分倚赖着图书馆的目录。对于利用图书馆的藏书说来,目录是其有决定性的意义的。

图书馆目录是图书目录的一种。图书目录有种种不同:例如,出版家目录、书店目录、私人藏书目录、各机关团体、各科学研究所的藏书目录、图书馆目录以及各种一般性的和专科的书目等等。它们都是图书目录,因而在编制方法方面有着共同之处,但它们的主要目的和作用是不完全相同的,所以它们之间也存在着重要的区别。

就一般图书目录的目的和作用来说,可以分为两大流派:一种是主要为了告诉人什么地方有些什么书;一种是主要为了告诉人应该阅读些什么书。前者可以称为藏书目录;后者可以称为读书目录。藏书目录是登记性质,有什么就记下什么。读书目录是推荐性质,必须认为是值得阅读的书才能收入到目录中去。藏书目录是一种清册,基本上不应有所选择,而读书目录的内容则必须是经过选择的。

显然,图书馆的目录是兼有这两种作用的:一方面要告诉读者图书馆收藏着些什么书,另一方面也要告诉读者应该阅读一些什么书。既要披露出图书馆藏书的内容,也要向读者宣传、推荐优良的图书,并帮助他们选择适合需要的图书。这个双重作用就决定了图书馆目录固有的特点;同时也决定了它不能只是一种目录,而必然是一个由许多种目录组织起来的复杂的体系。

此外,图书馆目录也必须和另一种图书目录区别开来。图书馆目录所收入的图书必须是图书馆中所藏的图书。图书馆目录向读者宣传、推荐的图书也必须是自己藏书中所有的图书。这是由图书馆目录揭示图书馆藏书内容这一基本任务所规定的。图书馆的目录不能包括图书馆所没有的图书。但是另外有一种图书目录,它所记载的图书不是收藏在一定地方的;这种目录主要在告诉人关于一定的知识部门或者关于一定的具体问题或者在某个国家、某个时代,某个地点曾经有些什么著作或者有些什么好的著作,而不问这些著作收藏在什么地方。这种目录的主要目的和作用,显然跟图书馆目录有所不同。这种目录基本上是读书目录,但有时也可以是全面登记无所选择的;图书馆目录基本上是藏书目录,但有时也可以有选择推荐的性质。这两种目录在外文都有着不同的名词:在俄文,前者是 Библиография,后者是 Каталог,英文是 bibliography 和 catalogue 或 catalog,法文是 bibliographie 和 catalogue;德文是 Bibliographie 和 katalog,但是中文一向统称图书目录或书目。这就在图书馆学和目录学著作中造成许多认识上的混乱。现在为了便于区别起见,有些人把前者称为"书目",而把图书馆的图书目录称为"目录"——一个极端勉强的区别,但我们只好暂时沿用着。书目的研究是目录学课程范围内的事情。我们在本课程所研究的只是图书馆的目录——也就是以揭示一定书藏内容为基本任务的目录。

根据以上所说,可见图书馆目录的基本任务就是披露出图书馆藏书内容来向读者宣传、推荐优良图书,并辅导他们选择所需要的图书。因而它是图书馆对待读者工作中的一种不可缺少的工具。

图书馆的目录向读者提供关于所藏图书的知识,满足他们对图书的要求。读者们的要求是极其多式多样的。有些人想知道馆内关于他所要研究的问题有些什么合于自己程度的图书;有些人想知道某一位著者,或关于某一位人物有些什么著作;有些人想知道馆中有没有一种特定名称的图书,或者想知道某种书的一定的版本。目录必须能够为读者解决诸如此类的无数问题,因而就必须有各种不同的目录。

图书馆目录不仅是图书馆对待读者工作中一个不可缺少的工具,并且也是图书馆各工作部门完成它们任务时所不可缺少的工具。

图书馆目录可以供图书馆员在进行各种工作时挑选适当的图书。例如:在进行群众工作时,目录可以提供筹备展览会、图书评述会、新书讨论会、读者座谈会等等措施的资料。

图书馆的目录是供给馆内参考工作部门查找资料的经常根据,可以提供编制读书计划和各种推荐书目、专题参考书目,新书报导等的资料。

　　在图书馆进行采购和补充图书时,如果先行检查馆中目录,了解各门类藏书情况,就可以帮助拟定采购计划,补充缺漏,避免不必要的重复,决定各门类图书购置的先后缓急。目录还可以使图书馆了解自己图书的馆藏情况,因而便利了清点图书的工作。

　　由此可见,目录在图书馆内有着非常巨大的作用。图书馆必须用极大注意力将它编制得完善而合用。有些图书馆工作者认为目录是非必要的,可有可无的,或者根本用不着的。这显然是不正确的看法。

　　克鲁普斯卡娅指出:"目录问题在广大的群众图书馆是一项非常重要的问题……如果有十来个读者到馆,一个图书馆员还能对每个人周旋一番,给他讲解一切、指出一切等等。但如果图书馆挤满了读者,那么,请你去为他们服务罢! 这时就特别需要有目录,有参考工具,用怎样选择书籍,怎样利用书籍的知识来武装读者了"。因此,她又说:"应当创造条件,借着这些条件的帮助来指导读书。重要的是在使读者能够不必单纯倚靠着图书馆员而能够自己了解各种目录,自己选择他所需用的图书。"因此,图书馆目录的重要性就不言而喻了。中华人民共和国文化部指示指出"对于目录编制工作各公共图书馆今后应予以重视。目录是宣传图书、指导阅读的工具,因此各公共图书馆应根据本身力量,不断改进目录的编制与组织,逐步提高目录的思想性,加强其对读者的指导作用。"这完全是必要的。

　　图书馆目录的效果决定于它的内容和质量。由于图书馆目录是披露其藏书内容的工具,由于它只反映本图书馆所有的图书,所以它的内容和质量首先决定于图书馆藏书的内容和质量。如果图书馆在采购藏书时搜集了很多无用的,甚至对人民利益有害的图书,那么,反应在目录里必然也是这些东西。这样的目录即使在编目技术方面非常完善,也是对读者无益的,不能帮助图书馆完成它的主要任务。因此,如果希望目录能成为宣传图书和辅导阅读的有效的工具,就首先要在采购书籍时对书籍的质量——政治性、科学性、艺术性等等一一加以重视。如果图书馆所收集的图书都是很有价值的著作,都是对于本馆读者有利益、有帮助的著作,那么,目录的内容和质量也就相应地有了完善的基础。所以图书馆在建立藏书的时候,首先要对图书的质量予以重大的注意。为图书馆选择适当合用的图书是图书馆工作的第一件大事。

但是尽管藏书的质量非常的好,如果目录的编制不得法,那读者们还是不能充分利用这些图书,因而这些图书也就不能产生它们应有的效果,也就是说图书馆不能胜利地完成任务。质量低劣的目录也不能协助图书馆内其他部门的工作,特别是采购和参考的工作。因此目录编制方面的质量又是决定图书馆工作效果的一个重要因素。这就是我们必须掌握科学的编目方法的主要理由。

建立图书馆的藏书和目录必须遵循一条基本原则——就是共产主义党性原则。藏书的选择和组织,目录的编制方法和内容,都应该服从这一条基本原则。必须体会到书籍能够而且也应该影响读者的思想和行为。图书馆购进一本书,并在目录内宣传它,就意味着向读者进行教育。

由此可知,我们图书馆的藏书和目录是应该建立在一定政治立场之上的。这是一种政治工作。政治思想倾向是建立图书馆藏书和目录时所不可忽视的。苏联在1946——1948年有了关于思想问题诸决议以后,规定图书馆编目部主任和图书馆长共同担负图书目录政治性的责任,这是值得仔细领会的。

我国过渡时期总路线、总任务向图书馆提出了协助推进社会主义建设的新的任务。第一个五年计划的公布更对图书馆藏书采购和目录提供了许多新的方向,新的课题。近三年来对资产阶级唯心主义思想的批判也为选择文化遗产提出了标准。最近党和政府号召向科学大进军，要在十二年内赶上或接近世界先进科学水平。同时又提出"百花齐放，百家争鸣"的号召，这一切都应当在图书馆藏书和目录中反映出来。

藏书和目录的政治思想性应该体现在藏书和目录的内容上，即图书选择上，体现在藏书和目录的组织上，即藏书的划分和目录的编制上。因此，在采购图书和编制目录时，都必须从马克思列宁主义的立场、观点出发，必须遵从党和政府关于思想问题、政治问题以及其它问题的决议和指示，也必须利用各种科学会议的决议和结论。在藏书和目录里应该尽量向读者宣传，推荐最有科学价值和最切合当前需要的图书。在藏书和目录里应该充分收进马克思列宁主义经典著作和普及马克思列宁主义基本原则的书籍，介绍足以反映社会主义、共产主义建设和过去时代中最有价值的成就的图书，宣传能够提高阶级觉悟，加强过渡时期工人阶级的阶级斗争的著作。如安巴祖勉同志所指出的："要实现目录的政治思想方针就意味着：（一）保证马列主义经典著作，党和政府的决议之广泛的反映；（二）保证在选择反映于目录内各种印刷物的时候有深刻的原则性；（三）用提要的形式对其中重要的书籍提供简要而又充满着政治性的鉴定；（四）在目录每一部门内首先揭示最有价值和最重要的书籍，从而保证着读者在选择图书时受到政治方针的领导；（五）使图书的分类和著录都服从于极大限度地披露图书馆藏书内容这一任务。"通过图书馆的藏书及其目录，读者应该能够认识到哪些图书是于自己最有益处、从而选择适合自己的需要的图书，从而培养自己成为一个自觉的积极的社会主义、共产主义建设者。这就是政治思想性在图书馆藏书和目录里的具体表现。

藏书和目录的政治思想性是社会主义国家图书馆与资本主义国家图书馆的根本区别。

第二章　图书馆藏书成分

在了解了图书馆藏书的作用和意义的基础上,我们进一步地来研究图书馆的藏书成分,也就是要研究图书馆藏书是由什么组成的;分析藏书成分的意义和作用。下面按图书馆藏书的形式,藏书的内容,图书的类型,藏书的数量,以及藏书的部分(书库)来分别地进行研究。

一、图书馆所藏图书的形式

所谓图书馆藏书的形式,就是从物质方面来看图书的形成具有什么样的特点,我们知道,若按图书的外形结构看,它可以是一本书,或者一张拓片,甚至一卷图画;若按印刷复制方法分,它既可以是印刷的,也可以是缮写的或者利用其他方法复制的;若按书的版本分,又可以分为善本书,线装书,旧版书,原版书,翻版书,旧书新刊本等;若按出版的文字分,它可以是中文书,又可以是少数民族语文书,俄文书及外文书等;若按书形大小分,它可以是对开本,又可以是六十四开本;若按出版期分,它可以是带期号的定期出版物,也可以是带期号的不定期的连续刊行物。虽然图书形式是这样多种多样的,但归纳起来,可以分为以下几种形式:(1)书籍,(2)小册子,(3)杂志,(4)报纸,(5)特种图书。

"书籍是知识的泉源,是社会主义文化最主要、最强大的武器"。我们党和政府对于书籍的出版事业给予极大的重视。解放以来,全国出版书籍的总数都在逐年增加,为我国图书馆藏书的迅速增长创造了必要的条件。

书籍必须是有党性的,它必须成为党和政府向人民群众进行宣传教育的工具。这一点早在1905年,列宁在他的"党的组织和党的文学"一文中即已明确的指出了。1931年联共中央"关于出版工作"的决议中更具体的指出了:"书籍必须是战斗的和反映现实政治的,它必须用马克思、列宁主义的理论和生产技术知识来武装从事社会主义建设的广大群众。""书籍必须成为环绕经济建设和文化建设的任务来教育、动员和组织群众的最有力的工具;书籍的质量,必须适合群众日益增长的文化要求"。选购具有高度思想性的书籍,建立有充分价值的藏书,是图书馆一切工作的必要前提。

(1)书籍:书籍的形式是多种多样的,但它具有共同之点,就是它有封面,有书名,有本文,结合一定数量的印刷的或手写的篇页成为一个整体,并装订成册。每种书籍都有一个中心主题。在解释问题上,比其他形式的图书更为全面,深刻。但它的现实性赶不上报刊和小册子。从出版量看来,书籍的种数和册数超过其他形式的图书,所以书籍就成为各类型图书馆藏书的主要基础。这一点是各馆相同的。但各馆之间也有不同之处,就是小型公共图书馆所藏书籍不仅在种数上,册数上比大型公共图书馆或科学图书馆所藏的量小,而且在书籍的种类上也不及大型图书馆复杂。例如后者为了配合专家们的科学研究工作,在它们的藏书中往往就预备了很多解放前出版的旧书、线装书、善本书、俄文书以及外文书等等,而前者入藏这样专门性质的书籍那就很少了。这样的差别之所以产生,主要是由于图书馆的性质、类型和工作内容所决定的。

(2)小册子:是"具体而微"的一种书籍形式,即篇幅小,没有书名页的薄本书。它的特征是出版及时,现实性强,宣传效果大。

各类型图书馆对于政治性的宣传小册子都应及时采购,区别只在采购数量上的多寡。还有一种通俗读物的小册子,公共图书馆应该比较广泛地去搜集它,而科学图书馆只能有重点地采选。所有这些共同点和差别性是与各类型图书馆的一般任务和特殊任务有密切关系的。

（3）杂志:它是一种定期刊物,用期号连续的形式,间隔地,继续不断地出版。但也有不定期的刊物,如机关的内部刊物,学术团体的学报,学术会议的记录等等都是按期号连贯刊行,但不定期出版,通常称它们为"连续刊行物"。

由于杂志的出版及时,所以它能够较快地把科学研究上、文学创作上的最新成就反映出来,因而它就成为各类型图书馆必备的图书形式之一。但各类型图书馆所采选的杂志范围和性质是有所不同的。小型公共图书馆所藏杂志的种数比较科学图书馆和大型公共图书馆所收的杂志都要少,而所选杂志的性质也不如后者所需要的那样专门。自从党和政府提出向科学进军的号召后,大型公共图书馆和科学图书馆对于过期期刊和外文科学杂志的补充都更加注意了。

（4）报纸:它也是定期刊物的一种,刊期有日报每周二期、周报等等。我们报纸的伟大使命是在共产党领导下向广大群众宣传马克思列宁主义思想,宣传党和政府的政策,它鼓励、组织和教育广大劳动群众为社会主义改造和社会主义建设而斗争。报纸的种类有全国性和地区性的,有机关社团的,也有为各种不同的对象服务的。报纸与杂志的区别就在于报纸是以进行时事政策教育为主要的方针,而杂志所负的科学宣传任务则远较报纸为多。

报纸同样地也成为各类型图书馆的主要藏书之一,在入藏分份上的差别,只表现在报纸种类上的多寡和报纸文字上的区别,以及过期报纸是否须要保存或撤除。

（5）特种图书。除了上述四种主要图书形式外,还有一些其他形式的图书,通常被称为"特种图书"。其中包括"乐谱"、"地图"、"图片",以及"显微图书影片"、"显微卡片"、"显微印刷品"和其它各种照相复印的图书。其主要用途都是为了补充原版书刊、珍本书刊以及绝版书刊等等供应的不足。特种图书除了地图和图片是属于小型公共图书馆的藏书范围外,其他的特种图书小型公共图书馆就不一定需要采购了。但大型公共图书馆和科学图书馆为了配合科学研究工作,它们就必须特别注意采选特种图书才能顺利地完成它们的任务。

总起来说,上述五种图书形式在藏书成分中的组成情况是与图书馆的性质、类型和工作内容分不开的。这说明了图书形式与采购工作的关系。但图书形式与图书馆的其他业务工作同样地也有紧密的联系。例如五种主要的图书形式在图书整理工作上需要编制各种目录去分别地反映它们;在图书登录上,排架方法上,书库划分和保管方法上都需要有区别的处理它们,只有这样,才能有助于保证藏书的完整和充分地发挥藏书的作用。

特种图书在处理方法和组织方法上是否全需要特殊处理呢?解决这个问题的关键决定于以下的几点因素:各样特种图书的数量多少? 是否是本馆藏书的发展目标? 以及使用方法上的具体需要。

此外,还有一个相关问题就是须要初步了解一下,就是图书与资料的划分问题。这是一个有争论的问题。直到现在对于图书与资料的概念还没有得到统一的认识。一般认为:报刊,生产机关的文件、材料(如蓝图、内部的刊物等等),以及其他非印刷材料和简单印刷品是主要的资料。但图书与资料的矛盾在高等学校内仍然是相当普遍地存在。这个问题涉及到图书馆与资料室的采购、整理、保管和利用图书各方面的工作,因此,如何正确地来解决这个矛盾,就有它的现实意义了。

根据我们初步地了解,我们认为图书和资料是统一的,而不是对立的,更不能截然划分。因为资料是个抽象名词,它绝不能离开图书,而图书本身就是资料。同是一种书在图书馆里认为它是图书,到了资料室里可能就成为资料了。不论使用哪一种原则或方法去区分图书与资料(例如:或按图书复制形式分(印刷与非印刷);按材料性质分(文件与非文件);或按材料来源分(公开出版与内部刊物);或按图书形式分(报刊与书籍);或按阅览方式分(公开阅览的与保密的或内部参考的);甚至按材料是否是消耗性的或永久性的去分),都不见得能够全面地解决图书与资料的纠纷。这中间的区别并不在于图书资料的实质或者它的形式以及其它特征,而是在于资料工作的目的和方法。为此,要想解决图书和资料的矛盾就不必再过分强调图书与资料的划分,而应该根据具体情况去探索图书馆如何与资料室分工合作,如图书采购工作的统一,全校藏书组织工作的健全等等措施,以求达到消除一切浪费,保证藏书完整和充分发挥藏书的作用。

我们对于图书与资料的初步看法就讲到这里。

二、图书馆藏书的内容

按照书刊的内容和表达形式,藏书内容基本上可以分为两类:
(1)一切知识部门方面的科学书刊(自然科学和社会科学)。
(2)文艺书刊(如小说、文艺作品)。

如果图书馆的藏书内容具备了这些书籍,它的藏书就是属于综合性的。例如,由于公共图书的任务是要向广大人民进行共产主义教育,而它的广大服务对象对于图书的要求又是多种多样的,因此,公共图书馆的藏书内容就必须是综合性的才能完成它的任务。

如果图书馆的藏书内容只集中在某几方面的科学书刊或文艺书刊,而只为它的专业服务的,那样的藏书就是专业性的或专门性的。专门图书馆的藏书内容必须是这样。例如农业学院图书馆藏书的主要内容一定是有关农业方面的书刊。

由此可见,图书馆的藏书内容取决于它的任务和工作内容。但是,不论图书馆是属于哪种类型的,都必须有马列主义经典著作,党和政府的指导文件,最低限度也应有解释和宣传这类原著的作品,才能符合图书馆的共同任务——向读者进行共产主义教育。

三、图书的类型

为了正确地组织藏书,除了具有与图书馆任务和工作内容相适应的藏书成分和藏书内容外,还必须结合读者所需要的图书类型。所谓图书类型,就是适合读者各种专门用途的图书和适合不同水平的读者需要的图书。下面就分别地来解释这些图书类型。

（一）按照专门用途区分。

藏书所可以分为下列几种主要类型:

（1）指导文件

包括党和政府的决议、报告、法令等等的指导性的文件刊物。它的用途是为了向读者传达与贯彻党和政府的方针政策,是每所图书馆必须具备的一种图书类型。它的形式有汇编本和单行本两种。指导文件的汇编本,例如:"中国共产党第八次全国代表大会文件"。指导文件的单行本,例如:"中国共产党第八次全国代表大会关于政治报告的决议"。

（2）科学著作

包括我国近代科学家研究的论著,整理资料的专著以及我国各门科学的经典作家的著作,苏联及其他国家的先进科学著作和古典作家的著作,中国科学院,各门科学学会、各高等学校以及各届科学技术代表大会和代表会议的出版物和外文科技资料的翻译材料,学位论文,各国政府科学技术研究报告等等。这一类型图书的用途是为了帮助各门科学的专家和高等学校学生进行科学研究用的。除小型公共图书馆,如农村图书馆和工会图书馆不须入藏外,其他大型公共图书馆,科学图书馆在各门类图书中都要备有这一类型的图书。

例如:"弹性柱体的扭转理论" 钱长伟等著 科学出版社。

"北京话单音词词汇" 陆志韦编著 科学出版社。

(3)特种技术书籍

"这是技术书籍的特殊类型",是书籍的原始材料。它提供一些过去没有公开的材料,以及为一定读者编印的正式文件。此外,特种技术书籍还包括以下的各种类型:规格书,发明许可证(专刊说明书)、技术目录、科学情报卡片、产品目录、装备目录等等。这些资料,只有科技图书馆才去广泛地搜罗它们,一般大型公共图书馆只能有重点地去采选。

(4)教科书和教材

是为各级学校学生和教师教学用的。其中有基础课的教科书,有专业课程教科书,有补充的教材,另外,还有专为群众学习一定科目用的教材。应当指出,全面收藏有关的教材乃是学校图书馆的任务。其他类型图书馆仅仅需要购买少量份数的教学书籍放在阅览室中以供读者参考。

例如:"高等数学教程"斯米尔诺夫著,孙恩增译

"小学算术教学法"普桥柯著,王悦祖、李沂译

"职工业余学校自然课本"吴大熹编

(5)参考书

它在图书馆工作中具有重大的意义。其类型有多种,大概可以分为综合性的参考书和专业性的参考书两种。它们提供有关一定问题的最基本的知识,或者专供读者重点阅读以及寻找资料答案之用。各类型图书馆在采购参考书上也各有特点,如小型公共图书馆即应以搜集普通参考书,如字典、辞典,手册以及为主要读者群在各种职业上迫切需要的参考书为主。而科学图书馆以及大型公共图书馆则必须大量补充综合的和专业的参考书,以便利各

16

种专家及一般读者去利用。

例如："简明哲学辞典"罗森塔尔、尤金编,中共中央马克思、恩格斯、列宁、斯大林著作编译局译

（6）通俗读物

按照新华书店总店编印的"全国总书目 1949—1954 年"中的说明："通俗读物与非通俗读物还没有一个完全恰当的标准,我们大体上是按语文程度来划分的,凡适于小学至初中程度的人阅读的,列为通俗读物……"。

我国目前所出版的通俗读物是以工农兵为其主要的服务对象,它的用途是为了对工农兵进行社会主义教育,提高他们的文化、科学和技术水平。但将来社会各阶层之间的文化水平差别消失了,图书难易的区分,通俗与非通俗的划分,就无须再按工农兵社会阶层来分,而应由读者对象的普通教育和专门教育的不同程度来决定。

通俗读物的特征如下:

第一,通俗读物应结合工农兵的语文接受能力,照顾到工农兵的思想感情和生活习惯的爱好。这一特征主要表现在以下两方面:在图书外形方面是篇幅少、本子小、字体大、插图多,封面还要美观;在写作形式方面也是多种多样的,文字一般要简明通顺,有的采用生动的问答对话体裁,有的运用具体人物自己口述的写法,也有的用讲话方式来解释党和政府的政策,有的则通过真人真事用对比的表达方法启发群众思想,还有利用生动的图解帮助领会复杂的事物。总之,通俗读物编写的技巧要能使文化水平不高的人能够看懂,并且看得有趣,才合乎通俗化的要求。

第二,通俗读物是从工农兵的需要出发。劳动群众对通俗读物的要求是"使得上",也就是希望通俗读物能够帮助他们解决在阶级斗争和生产斗争中所遇到的新问题,能够帮助他们系统地了解党的政策,学习迫切需要的各种科学文化知识。此外还要照顾

到劳动群众各阶层的需要特点,合乎城市工人看的通俗读物,就不见得完全合乎农村青年的趣味,也不尽符合一般青年知识分子的要求。只有在政治上、生产上和文化上真正适合一定对象所需要的通俗读物,才能起有效的作用。

第三,通俗读物是具有高度思想性和艺术性的刊物。通俗读物既不是粗制滥造的作品,也不是简单化和庸俗化的刊物,而是用深入浅出的方式向劳动人民进行政治思想教育的武器。因此,通俗读物必须保证有高度的思想水平和艺术价值才能达到普及与提高劳动群众的政治认识和文化水平的作用。但是,通俗读物的思想性和艺术性一定要与对象的现有水平,爱好和需要紧密地联系起来,否则,就不会通俗化了。

通俗读物的特征大致就是如此。各知识部门的图书以及文艺作品都有通俗读物的类型,举例如下:

通俗政治读物

"第一个五年计划通俗图解"通俗读物出版社编绘。

"五年计划农业任务对话"中央人民广播电台农业组编。

通俗自然科学读物

"原子能常识"祝贺著

"水的故事"祝贺著

通俗生产技术读物

"车床的操作法"王光华著

"小麦密植"雷炜真编著

其他通俗科学读物

如通俗历史读物、通俗地理读物、通俗卫生读物等等。

通俗文艺读物(又名一般文化读物)

"扩社的时候"(独幕话剧)韩旭著

"两个橘子两颗心"(工农兵写话)

通俗小丛书(或者说自学丛书)

这类型的读物是为工农兵等编辑成套的小册子或文库,它的范围有一定的主题或用途,以便更集中地去帮助广大劳动群众进行自学。农民们特别喜欢这样成套的小丛书。

"苏联机器介绍丛书"机械工业出版社出版。

"农业生产合作介绍"小丛书,通俗读物出版社。

连坏图画

这是广大劳动人民和儿童一向热爱的一种特殊形式的通俗文艺读物。它的主要特征是:在艺术表现方面是以连环图画为主,文字说明为辅;在内容方面既要有高度原则性的主题思想,还要有动人情节的连续故事。因此,凡主题明确,故事紧凑,图画生动明显的连环画,不论对识字的读者或识字不多的读者,甚至不识字的读者都会有不同程度的教育意义。连环画的题材是多样性的,有的反映祖国人民伟大的斗争,有的表现历次革命斗争的伟大事迹和英雄人物,有的介绍历史故事,古典文艺和民间传说等。例如:新平改编,林锴绘的"妇女主任"就是一本表现农村新旧思想斗争故事的连环画。

专门以儿童为对象的连环图画大都用彩色印刷,篇幅较短,主题也较浅近,说明字句适合儿童口味。这类彩色儿童画册的题材也是多样性的:有的反映儿童生活、学习和爱国活动,有的介绍民间故事,神话,和童话故事等等。例如周存绪、叶惠元编,毛用坤绘的"枣"就是一本质量较好的儿童连环画。它表现了初中二年级学生热爱志愿军叔叔动人的事迹,反映了新中国的新生一代的新品质。

(7)少年儿童读物

这一类型的图书是根据读者的年龄来区分的。它的服务对象是以七岁到十五岁的少年儿童,即小学和初中程度的少年儿童为主。读物的范围除包括上面讲过的连环画外,还有各科基础知识的读物,以及各种文艺读物。

少年儿童读物能够帮助我们培养新生一代,形成他们的共产主义的意识、性格和理想,扩展他们的全面知识,巩固他们的课堂学习,指导他们课外活动,对于新一代的教育会起巨大的教育作用的。

少年儿童读物要有高度思想性的主题和新鲜有趣、引人入胜的内容。它的外形还要生动美观,篇幅不能过多。它的文字要明白易懂。适合少年儿童的读物必须与他们的年龄和兴趣的特征相结合,否则他们就不喜爱看了。

在郑芸的"为一亿二千万孩子的要求说几句话"文章中,他指出了"……七、八岁的儿童,喜爱通过物质形式表现有幻想内容的东西和写实性的东西,如'小白兔''大公鸡'或植物对话等,以及具有教育意义的叙述性连环画,'谁吃了苹果'……等。不喜爱一片漆黑,图画不美观的书,喜爱有鲜明彩色的图画图书。九、十岁的儿童喜爱一些有故事性的书,如'小燕子万里飞行记'等及民间故事、童话等。喜爱惊险、勇敢、战斗的书籍是他们的特点,尤其男孩子对这类书非常喜爱,但篇幅不宜太长。十一至十五岁的儿童则喜爱一些寓言,科学的幻想故事,以及惊险小说,历史英雄,革命领袖人物的小传等具有丰富的思想内容的作品。"

(二)按照读者的文化水平分

除了上面说过的通俗读物和少年儿童读物明显地标志着它们的读者水平外,其它各类型图书也都以不同文化程度的读者对象为目标:有的可以从书名上就看出来,例如各级学校适用的课本和教学参考材料;有的应按具体的书去衡量它;有的从书目参考材料中会发现它所服务的主要对象。

因此,图书馆工作者在分析藏书、研究读者需要,编制藏书采购计划和具体采选图书,以及组织藏书时,除应注意图书形式以及藏书的内容外,还应在各门类图书中照顾各种图书的类型和读者的阅读程度,这样才能正确地组织藏书的成分,达到充分满足读者需求的目的。

四、藏书数量

1. 藏书最低标准和藏书总量

每个图书馆均应具备一定数量的藏书才能保证图书馆正常地为读者服务。对于新建立的图书馆常有最低限度的藏书数量的规定,例如一九五五年八月"中华全国总工会关于工会图书馆工作的规定中"就指出了"……建立图书馆,联合图书馆,或流动书库时,至少应有一千册藏书……"。又如我国文化部和青年团中央在一九五六年二月十八日联合发出的"关于开展农村文化工作的指示"中规定了每个专区筹建的县图书馆,初步应该做到拥有农民通俗读物五千册到一万册。

图书馆藏书的总数量是以读者的"图书保障率"为主要依据的。苏联大众图书馆一般的"图书保障率"保证了每一个读者至少占有5——6册图书,因此,图书馆的藏书总数量就不应低于读者总人数乘"图书保障率"的积数,换句话说,读者的"图书保障率"就是决定图书馆藏书总数量的基本因素之一。我国文化部对全国图书馆事业的发展主要指标正在研究制订中,对于公共图书馆的藏书量的一般规定是以城市人口数量为区分的标准,也就是从读者的"图书保障率"这一观点出发的。

2. 各类图书数量的比重:

在一般公共图书馆中,各个部类之间图书数量大致可以保持下列的比重:社会政治类(包括哲学、历史、地理、军事)约占藏书总量的三分之一,科学技术类(自然科学、农业、技术)约占藏书总量的三分之一,文艺书籍(包括语文和文学)约占藏书总量的三分之一。每类之中应当包括有不同类型的图书和适于不同程度读者用的图书。在省市级大型公共图书馆除以采购难易适中的,为广大读者群众所易懂得的通俗书刊外,还应特别注意收集科学图书,以满足知识分子的科学研究的需要，总之，要把通俗书刊和科学书刊的比例正确的确定。其他类型图书馆藏书中各类图书数量的比重应以各馆的方针任务为根据并结合读者的需求。

五、藏书书库

图书馆为了保存、使用和整理方便起见，常常设立三种书库：

1. 总书库（基本书库）：是图书馆的总书库，分别存放各种主要形式的出版物：书籍、小册子，杂志和报纸等。

2. 辅助书库：为了迅速地满足读者对于藏书的要求，图书馆就从总书库中配备出一部分藏书，分别在阅览室、借书处等部门建立书库。这些各别书库都叫辅助书库。因为它们对于总书库的关系是辅助性的。

3. 特藏书库：某些性质特殊的藏书，为了便于集中保管，整理和使用，常从书库中分出来建立成特藏书库。如善本书（珍本书或罕见书）书库，地方特藏书库、保存书（内部参考资料）书库等。

其他尚有交换书库，储藏书库等，这些书库都属于公务用的性质，与读者借阅不发生直接的关系。本节只简单地介绍书库的划分情况，至于每个图书馆应当如何划分藏书书库，以后在藏书组织部分再详细讲述。

第三章　藏书采购原则

图书馆藏书采购，也就是藏书补充，是图书馆一切文教活动的开始。图书馆要完成各项工作任务，首先取决于包含在藏书中都有些什么样的书，这些书的政治价值，科学价值，及艺术价值如何。所以藏书采购工作绝不能理解为盲目的单纯搜集图书的工作，而是一件具有高度思想性的工作，是关系着图书馆全部工作的重要环节。尤，弗·格里科尔而夫在"图书馆藏书组织"一书中曾经写道："藏书补充必须注意挑选和获得为建立图书馆藏书所必需的书籍，这些书籍能够保证图书馆完成摆在它面前的以共产主义教育读者及积极协助我国共产主义建设的任务"因此要想建立一个具有高度性质的藏书，首先要确立藏书补充工作的一些基本原则。

藏书采购的基本原则可以从下列四方面来谈：

一、思想性方面

藏书采购的思想方针——党性原则是为"人民图书馆"的性质所决定的。人民的图书馆是由无产阶级领导的，为全体劳动人民服务的机构，它的本身就是党的，就是具有高度思想性的。因此，采购工作必须贯彻党性原则，资产阶级虚伪的"客观主义"，单纯搜集资料的观点，以及主观主义的作风都是应该坚决反对的。

藏书采购的党性原则具体表现在下列四方面：

（一）选择具有高度质量的图书：图书馆选择任何出版物都应

从党性原则出发去确定出版物的基本理想,科学价值和艺术价值,了解它们是否符合马列主义理论,是否符合社会主义建设的任务,和以共产主义教育劳动人民的原则。对那些伪装进步而阴谋宣传反动思想的图书,如胡风反革命集团所发表的著译必须加强警惕。所以,保证图书馆藏书成分具有高度质量的关键,就在于从质量标准来挑选图书。

(二)必须服从我国当前的政治经济任务。图书馆应该及时地以政治性、现实性的图书来补充藏书,使藏书紧密地配合当前的政治经济任务。因此,图书馆就必须及时地、充分地采购党和政府的指导文件,以及有关社会主义建设问题,时事政策学习等等的书籍和小册子。

此外,图书馆在藏书采购上尽可能采购辩证唯物主义与历史唯物主义,以及反对资产阶级唯心主义的图书,以便对人民进行共产主义思想教育,鼓舞人民为国家社会主义建设事业而奋斗。

(三)批判的接受文化遗产:毛主席指出过"中国的长期封建社会中,创造了灿烂的古代文化。清理古代文化的发展过程,剔除其封建性的糟粕,吸收其民主性的精华,是发展民族新文化提高民族自信心的必要条件;但是决不能无批判地兼收并蓄。必须将古代封建统治阶级的一切腐朽的东西和古代优秀的人民文化即多少带有民主性和革命性的东西区别开来。……"

这一宝贵的指示应该作为图书馆在采选民族文化遗产上的行动指针。图书馆就应选购一些经过整理的文学和科学方面的古典著作来满足广大读者的阅读需要。固然,像胡风反革命集团对待民族遗产的虚无主义态度鲜明的反对继承民族传统的"割断论"和"移植论"我们是要与他们作斗争的,但买办资产阶级知识分子胡适所遗留下来的玩弄版本的思想和作风,我们也要彻底肃清它,因为这两种表面上虽然不同的思想,本质上却都会对社会主义文化建设起危害作用。

（四）中国共产党第八次全国代表大会关于政治报告的决议指出"为了保证科学和艺术的繁荣，必须坚持'百花齐放，百家争鸣'的方针。用行政的方法对于科学和艺术实行强制和专断，是错误的。对于封建主义和资本主义的思想；必须继续进行批判。但是，对于我国过去的和外国的一切有利的文化知识，必须加以继承和吸收，并且必须利用现代的科学文化来整理我国优秀的文化遗产，努力创造社会主义的民族的新文化。"

那么，图书馆在采购工作上如何贯彻这一方针呢？就是在大量采购优良图书的同时，还要扩大收书的范围，以满足科学研究研究人员对图书资料的需要。应该指出，不是所有图书馆都需要广泛搜集图书资料的，而只是以科学研究工作者为主要对象的图书馆才需要这样。

（五）保证图书馆藏书的现实性和群众性：一方面要及时地、比较充分地采购广大读者迫切需要的新出图书，使藏书不落后于生活，不落后于当前的重大问题，不落后于读者日益增长的需要，否则图书馆就难充分发挥它的藏书作用；另一方面在群众性的图书馆中还要经常地从藏书中把内容错误的、陈旧过时没有阅读价值的图书清除出去，为加强优良图书的宣传创造条件。

只有在充分地保证了藏书的现实性和群众性的情况下，图书馆才能有效地对反动淫秽荒诞图书（包括连环画），才能把曾经受了黄色书刊腐蚀和毒化的群众和青少年吸引到图书馆来，从而提高他们的政治思想觉醒。

从以上原则可以看出，藏书采购的思想方针是一切图书馆均应遵守的基本原则，离开这一原则，藏书采购工作在政治上就没有明确的方向，就会影响到图书馆全部工作任务的完成。

二、目的性方面

图书馆有各种不同的类型，每种类型图书馆又各有它的特点：

有其特殊的任务,有不同的服务对象,不同的地方特点等。所以采购图书时必须考虑到各图书馆的不同条件,具体分析,分别处理,使藏图补充适合于每个具体图书馆的需要。

图书采购的目的性表现在;

(一)根据图书馆的方针任务:每种类型图书馆都有他自己的方针任务,县区公共图书馆担负着一般的社会文化教育任务,省市图书馆担负着为普及文化服务和科学研究服务的双重任务,而高等学校图书馆则服务于各大学的教学工作及科学研究工作。甚至在同一类型的图书馆中,个别图书馆亦因其规模的不同,藏书基础的不同,所在地区的不同,以及历史条件不同,在它的具体方针任务上就各有区别。所以要使藏书补充工作有明确的目的性,首先就要结合图书馆的方针任务。

(二)根据服务对象的需要:各类型图书馆都要明确自己的服务对象,首先认识自己的主要读者,同时也要照顾其它方面的读者,然后根据不同的服务对象、不同的文化水平,以及不同的兴趣和要求,有分别地有重点采选各种类型的图书。如大型公共图书馆既要补充通俗书刊,以满足广大工农群众的阅读需要,又要加强科学图书资料的搜集,为知识分子的科学研究工作服务。而专门图书馆就应注意补充科学研究方面的专门著作,为科学研究工作人员服务。安徽六安专区文化馆图书工作会议(1955年5月)揭露一般库存图书不适合工农阅读占三分之二,造成图书大批积压,这就是图书补充工作中存在着不问服务对象的需要和图书质量而盲目采购的深刻教训。

(三)根据图书馆的性质:不同性质的图书馆反映在藏书成分上也必然会各不相同。如大众图书馆的藏书成分是综合性的,它的藏书内容应当是多方面的,包罗万象的。而专门图书馆的藏书内容则着重于专业方面的书刊。

(四)根据地方特点:在采集图书时,应考虑到地方的特点和

26

居民群众对图书需要的差异。读者对于某类图书的兴趣与要求往往是由于地区特点、当地的经济，文化的状况、居民的职业及民族的区别来决定的。所以在采购图书时，图书馆不能不考虑到地方的特殊需要，并根据这些需要来补充藏书。最显著的例子，如省图书馆常常根据本地区的建设需要而收集有关的图书资料，特别是地方文献藏书和地方出版物。

以上四点都决定着各图书馆采购图书的特性。只有根据每个图书馆的具体特征来挑选图书，才能克服采购工作下的盲目性，才能保证采购工作质量的提高。

三、计划性方面

为了体现藏书的目的性，图书采购工作就必须要有计划性。藏书补充的计划性可以使"图书馆的藏书不是出版物的偶然搜集，而要经过深思熟虑的精选过的有目标的收集图书"（尤·弗·格里科尔耶夫著"图书馆藏书组织"）。例如，公共图书馆藏书采购工作的计划性表现在：

（一）系统地，全面地补充藏书：补充藏书既要分清工作的主要次要，又要决定工作的先后缓急还要照顾工作的全面，因此图书采购工作必须有计划地做到：

（1）要使图书馆藏书中具备有关一切最重要知识部门的图书和具有高度质量的图书。

（2）要使各门类藏书中，都搜集有说明基本问题的图书，以及重要著者的基本著作。在图书的品种和数量方面，要竭力做到满足广大读者的需要。

（3）要使各门类藏书中，都能备有各种类型的书。

（4）要使各门类藏书中，都能配有各种难易程度的书。

由此可见，图书采购的计划性是使图书馆的全部藏书及部分藏书得以有计划的发展的主要条件。

（二）优先地补充基本藏书：图书馆的藏书补充工作应特别重视那些为读者所必须阅读的图书，也就是图书馆最低限度的藏书。因此，图书馆就应根据不同标准，首先采集它的基本图书，才能保证图书馆胜利的完成它的各项文教活动。

四、贯彻全面节约保证质量的原则

根据国家过渡时期总路线的精神，在采购工作上要贯彻全面节约克服浪费原则。但贯彻这个原则既不能理解为一种消极的措施，无原则的不买图书或者削减图书购买费是不正确的，也不能片面地认为只是发掘积压藏书的潜在力量；而是要在积极提高采购工作质量中去体现节约的精神。因此，要贯彻增产节约原则。就要做到：

（一）兼顾需要与可能：正确的估计主观及客观的条件，合理地采购最合需要的、优良质量的图书，既不多买也不少买，这是贯彻节约精神的主要方面；另一方面在采购工作中必须坚决反对一切浪费现象，如贪多求全不结合需要的思想，以及表现在采购稿本图书方面的平均主义和形式主义作风等等。

（二）必须了解图书馆的现有藏书：摸清图书馆内积压的图书并采取有效的措施，对积压图书予以一定程度的整理，俾使有用的积压图书发挥应有的作用。

（三）必须适当了解本地各图书馆的藏书情况，以及采购方针尽量作到在采购上的分工合作，以避免不必要的重复和浪费。

（四）交换多余图书：将本馆多余的或不需要的书刊适当地与其他图书馆互相交换，在统一的组织领导下进行图书调拨的工作，以求达到"互换有无，互补残缺"达到"物尽其用，各得其所"的目的。

（五）除此以外，还必须加强藏书组织，藏书保管以及藏书目录等方面工作才能更全面地贯彻节约精神。

总的说来,图书采购的四项原则,是互相联系,互为作用的。思想性原则,是一切图书馆采购工作的基本前提。目的性原则是每个具体图书馆采购工作所借以依据的基础。计划性原则是建立全面的有系统的藏书的关键。节约原则是在国家过渡时期采购工作所应依据的准则。图书采购的思想性及目的性原则要通过计划性原则及节约原则体现出来,而计划性原则及节约原则又要以思想性及目的性原则为根据。

　　以上所说的藏书采购原则只是藏书采购工作一般的理论,每一个具体图书馆应根据具体情况制定出自己的采购标准,然后它的采购工作才会有了依据,才能保证藏书的质量。

第四章　藏书采购的调查研究

第一节　藏书采购调查研究的意义

图书馆的采购工作,如制订藏书采购计划,图书的日常采购,缺书的补充,初次图书的采选等等,都要有充分实际的资料作根据,还要对搜集的资料进行深刻地分析研究,然后,才能全面地、正确地了解工作中的主要问题和工作中的关键所在,从而保证采购工作的质量。如果不经过调查研究而就去进行采购工作,其效果是不难想像的。

因此,图书馆能否正确地进行采购工作,其中心的环节就在于有效地组织调查研究工作,也就是要经常地有系统地搜集图书馆的藏书情况,图书出版发行的情况以及读者需要图书的情况等等,并分析研究它们,作出改进藏书采购工作的结论。

下面就分别地说明进行这些调查研究的方法。

第二节　藏书采购的调查方法

一　调查研究图书馆藏书方法

为了正确地、全面地补充藏书,就必须经常地,有系统地研究全部藏书或部分藏书。怎样研究藏书情况呢？总括地说,可以从藏书的数量和质量两方面来研究,也就是要利用统计和书目参考材料来检查藏书的完备性以及它的利用效果。

（一）从藏书数量来研究藏书情况

从藏书登录的材料、藏书流通统计、藏书分类目录以及图书馆工作总结来查明藏书各方面的情况:如藏书总量有多少？小册子、杂志在全部藏书中的比重是怎样？在本馆藏书条件下,每一登记读者平均占有藏书若干册,即"读者的图书保障率"有多大？各门类图书分配数量是怎样？它们的图书流通量怎样,拒绝率是大是小？还要注意社会政治书籍,特别是马列主义经典著作配备得够不够？科学技术书籍文艺书籍入藏数量又怎么样？为本馆主要读者群——专家、知识分子、工农兵、青少年儿童所购买的各类型图书的保障率是怎样,为当地党政经济文化机关团体预备的参考资料,以及为少数民族需要的少数民族语文图书的入藏数量又都怎么样？研究了这些方面的藏书数量之后,就可以看出藏书成分中的薄弱环节是在哪里,作出结论,提出改进主题补充计划的意见,从而找到可靠的依据去改进藏书补充的工作。

（二）从藏书质量来研究藏书情况

藏书研究,不能局限于数量方面的情况,还必须从藏书质量即藏书内容方面来研究。就是要去检查每个重要门类的藏书成分,其方法有二:第一种方法是直接地,有重点地到书库书架上去研究藏书成分;第二种方法是广泛地利用各种有关的推荐书目和标准书目以及其它书目参考材料来核对藏书目录,考察各类必备藏书的入藏情况,注意各科知识中的最基本图书和最重要著作,地方文献图书,社会主义建设和社会主义改造等等现实问题的图书的完备程度,以及多卷集和定期刊物有无空白点。如有短缺就编写"填缺补充图书卡片目录"。第二种方法是研究藏书内容的主要方法。它的调查结果无论在编制图书补充计划时,以及采选个别图书时都要利用。此外,吸引专家来研究藏书,参加藏书检查工作乃是研究藏书的最好方法之一。

二 调查研究图书出版发行情况

(一)关于图书出版方面情况。我们要掌握各主要出版社的特征和计划以及非专业出版机构的机关社团的出版情况,然后我们采购图书的方向才能正确,选书范围才能广泛。

(1)掌握出版社的特征,所谓出版社的特征,指的是以下三点:(a)要分清公营出版社,公私合营出版社与私营出版的刊物在质量上的区别。

馆员选书时应尽先挑选可信可靠的公营出版社的书籍,其次再选公私合营出版社的书籍,对于现存的私营出版社出版的刊物应当谨慎地选择才能免犯错误,(б)要明了中央一级国营出版社与地方国营出版社的区别。中央级的国营出版社所出版的刊物多是全国性的及专业性的,而地方国营出版社的刊物,多以地方性和通俗性刊物为主,只有明确了中央与地方出版任务的划分,然后选择图书才会适当。(в)要熟悉专业出版社的专业特征和专业对象的特征,区别了这些特征,才能选到最符合于一定的读者对象和一定用途的图书。

(2)了解各出版社的出版计划。各出版社的出版计划的公布方法不一:有的印成专书,把拟出版的图书分类列出目录来,注明各书的出版季度,以及估价若干;也有在本社出版的期刊中摘要发表的;又有在日报上用新闻报导的形式列出重要的选题计划;又如各地新华书店印发分店的"订货目录"就是一种综合出版计划。图书馆如果能够掌握出版社的出版计划以及新华书店的"订货目录",对于选购图书、制订采购图书计划都有很大帮助。

(3)了解非专业出版机构的出版情况。这类非专业的出版机构多半附属于党政机关,各级学校、科学文化研究机构以及各种社会团体等等。其所出版的书刊,有的是公开发行的,有的只供机关备价购买,有的是非卖品专供内部参考的。这些资料刊物对于省市以下的小型图书馆的需要不大。但是省市级大型图书馆或专门图书馆,就一定要根据需要,注意这类有关刊物的出版情况,才能扩大它们的选书范围,以便充实它们的藏书。

（二）关于书刊发行情况。除各地新华书店,国际书店,以及各地邮局的集中发行和集中预订书刊情况应掌握外,还要熟悉当地的其它书店或书摊出售书刊的特征,才能广泛地、深入地做好采访工作。因为,新华书店、国际书店和邮电局所经售的书刊,除非与新华书店订有全面采购新出版图书的合同外,那些书店的门市部门并不能供应全国各地区所出版的一切新刊物,也不经售线装书和旧外文书刊,至于"五四"以后至解放以前的一些旧文献刊物都不是在新华书店可以得到的。所以省市级大型图书馆及专门图书馆,还应根据采购的需要向本地的一些旧书店和小书摊去搜集有价值的古旧书刊。而省立图书馆更应注意收集散失在各地的图书和文献资料。

（三）调查研究图书出版发行情况的方法。可以归纳如下:

（1）搜集出版发行的资料,如书店和出版社的发行书目和出版书目以及报纸上登载的广告和有关的报导消息;

（2）直接的,经常的到书店去了解经售书刊情况;

（3）向专家请教,专家对于专业书刊出版发行情况是比较熟悉的。图书馆的采购工作者应该向专家学习。大型图书馆的采访工作同志,也能帮助了解一些出版发行情况,例如北京图书馆的采访部就掌握了很多出版社的出版资料;

（4）根据调查研究所得的情况,做出一套出版社和非专业出版社的出版情况卡片目录,注明下列事项:出版社的名称和地址,出版社的特征（专业、专业对象、主要图书类型,以及其它特征）,出版书目的名称和刊期,出版社的计划和重要主题,经售出版社图书的书店等等，以便选购图书作为参考。

三 搜集书目参考材料和利用书目参考材料的方法

书目参考材料可以粗分为两类：（一）书目（二）书评。书目和书评都是对劳动人民进行共产主义教育的武器，是帮助出版界提高刊物质量的方法，是协助馆员研究图书、采购图书和宣传图书的工具。本节只研究书目参考材料对图书采购有关的问题，分书目书评两部分来说明。

（一）书目的搜集、整理和利用。

（1）书目的种类，主要地可以概括为四类：第一类是出版社或发行所报导图书消息的专门的书目，例如：文化部出版事业管理局编印的"全国新书目"（月刊）这是全国的总出版目录。此外各出版社还有自编的书目，如通俗读物出版社编印的"通俗书刊介绍"（月刊）和科学出版社的"图书目录"等等，这些出版目录，除专印成册发卖或赠送外，还经常在报纸杂志上刊登广告或印成书单分发给读者。至于发行书目或预订目录大概有以下几种：例如北京新华书店在人民日报上发表的"新书出版消息"的联合广告等等，值得注意的是各地新华书店发送各分店的"订货目录"，其中除列出各书的书名、著者、出版社，该书的知识门类、开本、字数、页数、估价，大约出版的月份外，并刊登各书的内容提要及其出版意图和读者对象。这一种预订书目，图书馆如果能争取得到，对于补充新书是有很大帮助的，唯一缺点是它的预定范围不够全面，因为它只限于当地新华所要经售的图书，而不是全国新出图书都可以预定的。此外邮局报刊门市部在图书预订报刊之前也都发送本国的、苏联的及人民民主国家的"报刊目录"。第二类是各种推荐书目。根据已有的材料，经过选择来编制的。如新华书店各出版社，各杂志社以及各大型图书馆，常常配合纪念节日或各种图书宣传周把推荐书目印成单页或小册子分送读者。第三类是图书馆采购的标准书目。我国青年团中央宣传部和新华书店编印的"农村通俗读物目录"（一九五五）就是供应农村图书室选购图书的标准书目。在苏联有多种多样的图书馆标准书目，直接帮助各类型图书馆采选图书。例如："区图书馆标准目录"，"儿童图书馆推荐目录""村立图书馆和集体农庄图书馆推荐目录""图书馆适用推荐书目"（季刊）以及为各类型图书馆编制成套的"新书印刷评注卡"等等。第四类其它书目，各图书馆的藏书书目，以及散见各种专门著作中的参考书目，这些书目对于图书选购都有极大的帮助。

（2）书目的搜集和整理：馆员搜集书目必须经常地、有目的地按照本馆图书补充的范围去进行。凡继续刊行有号可查的书目，可以用"期刊登记片"作为书目登记片，以便检查它的完整性；凡单种书目，不论成册的或者单页的，以及报纸剪贴的，都可以把它们分成以下各组，如：综合性的、专业性的、专门对象用的、专题性的以及各种文字的，分别订缀起来，或者分别放在各种文件夹内、空盒子内以便随时参考。这就是有关书目搜集和整理的一种方法。

（3）书目的利用（a）出版社和发行社的新书书目可被利用来作初步选书的工具。馆员从各种书目中可以见到各知识门类中新出版的书刊，重版的新书，以前出版而现在还正在发行中的书，以及当前可以公开预约的书刊。馆员可按照本馆的需要，从中初步选择拟购书刊。其具体作法如下：填写"介绍单"，或"待购片"；或编制"拟购书目"，作为日常采购图书的资料及制订图书采购计划的附带文件。也可以就在原书目上圈注，以便进行审购。（б）推荐书目可被利用为选书标准，凡是具有高度质量的推荐书目，带评介的推荐书目，都能帮助馆员进一步的认识图书内容，认识一书的基本思想，预期供应的读者，和专门的用途。因此，馆员就可以确定图书是否需要采购。（в）标准书目可被利用为选择专题书籍的或者补充缺书的参考材料。总的说来，有两种书目利用方法（一）

是从书目出发,先有书目,然后在书目中寻求所需要的书,这就是"由目求书"的办法。(二)是:先有需要补充的专题图书或需要补缺的书刊,由书出发,然后再去利用一定的专门目录,如特种技术类型的图书目录和专题书目索引来挑选图书或配备图书,这种利用书目的方法是"由书求目"。

总之,利用书目时,应该注意书目的质量,即它的可靠程度,它的范围,和它的时效等等特征,有差别地去利用它作为参考材料,才能作好选书工作。但是书目对于馆员研究图书的帮助往往是不够的,因此,馆员还要利用书评参考材料,作为进一步分析批判图书的工具。

(二)书评的搜集、整理和利用

(1)书评的种类。大约可分三类:第一类是简介,它是图书评介的一种简短形式,常由报刊编辑部门及各出版社和新华书店等等,在报纸杂志上、在各种出版和发行书目中,及时地、简明扼要地向读者介绍一些最切合实际的新书,或即将出版书的;第二类是图书评论,它是一种比较详细的,深刻的图书评价;有署名的作者,有肯定性的评价,分析刊物的优点和缺点。如光明日报的"图书评论"专刊、"读书月报"(一九五五年七月创刊)以及各专业杂志的"新书介绍"栏中都有批评和推荐书刊的文章;第三类是综合书评又称"图书述评"。"多种评价"对于一个主题相联系的几种书籍加以批评和分析。此外在各种新闻报导中也常常反映与主题相近的一系列的好书也可以认为是一种"综合书评"的参考材料,它们对于图书选购工作者的帮助是很大的。

(2)书评的搜集和整理。根据选书的需要,经常地搜集报刊登载的书评文章,如上述的"读书月报",光明日报的"图书评论"等等编成"书评索引卡片目录"按类排列,最好能够简单地摘录出被评书籍的优缺点和该书的读者对象等必要材料,以便选书时当作参考。又可以在书籍介绍单上或新书"采购片"上摘录评语,作为推荐图书的根据。如果能有条件索取到新华书店分店的"订货目录"(每期二三份),把预备出版的各种新书连同内容提要剪贴在卡片上,制成"预出新书内容提要卡片目录",并将提要中的重点用红线标志出来,对于预先选购即将出版的图书,尤其有用。

(3)书评的利用,可以归纳为三点:首先,馆员利用书评选书;对于图书的分析和批判,馆员往往不能够做得深刻,常常没有把握,因此,就必须利用"书评索引卡片目录"或"预出新书内容提要卡片目录"找出书评或提要来,帮助馆员确定一书的价值、用途和对象,然后再决定要与不要,这是馆员利用书评的一方面;其次,馆员可以利用书评提高自己的选书能力,这是馆员对书评的利用的另一方面:即馆员在利用书评之前,首先自己去研究图书,对于书籍作出评价来,然后再参考书评的分析批判方法,比较研究,从而逐步地提高自己的选书能力;第三馆员又可以利用书评编制藏书目录中的简介。

以上说明了利用书目书评参考材料是馆员作好选书工作的主要条件,如果对于某种图书既没有书目和书评可供参考,而自己选书又没有把握,在这样的场合下馆员应该怎样办呢? 简单的答复是:(一)请教专家,(二)分清出版社、或发行所的可靠性,(三)了解作家的声望。

(三)选购旧书和外文书的工具

以上所说的书目,多是属于新书的范围,不能解答选购旧书和外文书的问题,但是大型省市级图书馆以及专门图书馆除采购中外文新书外,还要选购旧书,线装书,解放前的文献,以及外文书,现在把这一类的有关工具书简单介绍如下:

(1)旧籍线装书,可参考(a)"书目答问",补正(五卷)张之洞编,范希曾补正。一九三一年南京国学图书馆铅印本。这个书目共选了二千二百六十六种清末通行本子,可供采购一般的线装书用;(b)江苏省立国学图书馆总目四十四卷,一九三三——三五,共二十四册收书三万七千。二种"附丛书子目分析"补编,一九三七,六册收书万余种,对于进一步地搜集古旧书籍是有参考价值的。

(c)丛书子目书名索引 施廷镛编 一九三六年清华大学图书馆编,共收丛书一千二百七十五种,分析子目四万条,这是一部比较全的而且也是检查方便的丛书目录;(r)中国地方志综录,朱士嘉编,一九三五年商务印书馆石印本三册共收方志五千八百三十二种(增订本在编纂中)。其它可供采购用的旧书目录还很多,如书目的书目,类书的书目,参考书的书目等等,不便一一详举。

(2)从一九一一到一九三七年时期的书(a)生活书店全国总书目,一九三五年上海生活书店,三版铅印本,这是一部累积式的、分类的全国总书目,包括一九一一年到一九三五年全国出版的书籍,可供收集五四以后的进步书籍的参考(6)"图书季刊"(中文版)国立北京图书馆编,卷一至卷四,一九三四至一九三七年每期都有分类图书目录和杂志论文目录等等(в)中国近代出版史料初编,二编,张静庐辑注,一九五四年上海群联出版社铅印本,二册,此书搜集近五十余年来出版事业的重要资料(由一八六二至一九一八年"五四"运动前夕),其中各种文学史籍、小说书录和报刊调查表等资料可供图书馆搜集资料工作者的参考(r)中国现代出版史料甲编乙编,丙编,张静庐辑注 一九五四至一九五六北京中华书局,铅印本,三册。甲编收集的资料包括一九一九至一九二七年第一次国内革命战争时期;乙编收集了由一九二七(八一)后至一九三七(七七)事变前夕的出版事业的重要资料;丙编所收资料从一九三七到一九四九年九月包括抗日战争前第三次国内革命战争两个时期。凡要搜集现代革命史和文化史的资料的图书馆,这部出版史料书是很有参考价值的。

(3)从一九三八到一九四八时期所出版的书没有总目录可以参考,只可利用敌伪报纸杂志广告以及伪大学图书馆和敌伪机关图书馆的图书财产登录簿等等资料。关于蒋管区的出版物,可以参考"图书季刊"(新版)北平图书馆(卷一——,一九四○)及以后的各期。

图书馆采购工作者,对于线装书和解放以前出版的书籍的主要书目参考资料,大致就是这样。

(2)外文书刊。馆员应经常与国际书店和新华书店外文部紧密地联系,按时索取"苏联图书预定目录""图书年鉴"、"杂志论文年鉴",东南欧人民民主国家的书刊目录,资本主义国家的科技书刊目录,以及影印外文现期期刊预订目录等。对于大量采购资本主义国家书刊的图书馆尤应注意查阅国际书店的"进口业务通讯",以便及时选购图书。

以上说明调查研究图书出版发行情况的方法。

四 调查研究读者需要图书情况的方法

调查研究读者需要图书的方法,分三点说明如下:

(一)从馆内读者服务部门的记录中搜集有关主要读者成分对图书需要情况的材料。同时也照顾其他各方面读者的需要。

(1)根据借阅读书分类统计。大型公共图书馆应首先研究各主要读者群,即工、农、兵、干部、知识分子、少年儿童等借阅图书的分类统计;再进一步把各主要读者群按教育程度分,按生产部门分,或按专业熟练技巧程度分。并分别地研究他们对各类型图书需要情况以及对各种主题图书需要情况;找出读者需要哪几类书较多,哪几门类需要较少;有无比较稳定性的图书需要,有无季节性的图书需要以及在某一时期内有无显著变化等等,从而掌握读者对图书需要的一般规律。

(2)根据借阅图书分类统计研究团体读者的借阅读书情况。所谓团体读者,指的是图书流动站,读者小组,以及该区的党政机关,经济文化机构和生产企业组织等等。

（3）根据借阅图书分类统计调查读者对全国性问题的图书需要情况，即马列主义经典著作，党和政府的指导性文件，以及基本政治理论图书借阅情况；并调查读者对阐明地区性的政治，经济，文化任务的图书需要情况。

（4）调查那些图书供不应求，即读者预借的很多或者读者借不到的情况，又有那些书供过于求或者读者根本不借，把这些情况按时做出统计，作出清单，作出结论。

（5）根据已登记而未借书的读者名单，调查其未借书的原因是否由于图书不合需要或者由于其它原因。

（6）根据读者填写的介绍书籍单或者从读者意见簿中，读者借书的"读后感"，或者根据阅览室，借书处等读者服务部门所收集的读者口头反映记录中，收集读者对于图书需要的意见。

（二）从馆外直接调查读者需要图书情况的材料

（1）经常注意所在地的经济、文化特点，了解地区有什么工业与农业部门，有什么学校（普通的和专门的）、文化和科学机关、企业机关，并与他们保持经常的联系，接受他们对于各类别图书和各种问题图书的需要材料。

（2）深入各主要读者群单位中去（包括图书流动站），经常与它们的负责文教工作的同志、它们的管理图书的同志以及它们读者中的积极分子联系，参加它们的读书会，一面介绍本馆的新书，一面收集它们所需要阅读的图书资料，以及对本馆藏书的意见。

（三）有系统地研究和解决各基本读者群的图书需要。

（1）研究读者需要图书的数量：从收集的资料中把各读者群对各门类图书、各类型图书，以及各特定主题图书需要情况记录下来，制成各基本读者群对各项图书需要量的统计表，再依据各类图书的流通率和图书的保障率去研究各类图书复本需要的数量，从而提供图书补充部门以编制各类图书采购计划的资料。

（2）研究读者需要图书的意义。对各种需要的图书，固然要研究其需要量,但同时也不可忽略其在政治文化教育上的意义,对于有重要意义的图书,既不能因为暂时需要的人数不多而不购;对于无多大教育意义的图书,也不能因为一时需要人数较多,就去漫无限制地添购复本。总之,研究读者图书需要量时要与读者成分和图书的教育意义结合起来,此外,还要与藏书组织工作、指导读者阅读工作、馆际协调工作紧密配合起来才能正确地解决图书需要问题。

(3)有系统地解决读者的需要。解决读者需要时,不能单纯地用片面满足需要的方法去进行,还要结合馆藏情况和出版情况,更重要的是要根据本馆各时期工作重点以及经费条件,有系统地,有缓急地,有重点地解决各主要读者群的图书需要,才能更有效地为人民服务。

调查研究读者需要的主要方法大致就是这样。

根据上面所说的三方面的调查研究资料,图书馆员就可以掌握了可靠的依据来决定怎样建立藏书并着手拟订图书采购计划了。只有通过详细的调查研究工作,才能克服不了解读者需要,不了解馆藏情况,不了解出版发行情况而盲目购书的缺点。也只有通过周密的调查研究才能摸清家底,找出存在问题,从而提出解决问题的办法。以上几种调查研究方法在实际工作中应当交错进行,相互联系。但了解图书,掌握书目和出版发行资料是作好各种调查研究工作的必要条件。

第五章　图书馆藏书采购计划

第一节　图书馆藏书采购计划的意义、种类和要求

一　藏书采购计划的意义

藏书采购计划规定着计划时期内藏书采购工作的基本任务、明确的目标和具体的内容。有了采购计划,馆员才可以有步骤地、有系统地去进行工作;可以合理地采购所需要的书刊;可以贯彻节约精神,并节省馆员的劳力。总之,正确的藏书采购计划不仅是提高藏书采购工作的主要依据,而且也是顺利地完成全馆工作任务的主要环节。

二　藏书采购计划的种类

藏书采购计划大概可以分为下列六种:

(一)按时间分的藏书采购计划:主要有两种(1)长期的藏书采购计划:规定一年以上的藏书发展方向,以便有系统、有步骤地去全面规划。(2)短期的藏书采购计划,指的是年度的、季度的和月度的藏书采购计划。计划的时期愈短,它的内容就愈要具体。

(二)主题采购计划:指的是按照各种门类的主题,结合读者对象和图书类型而搜集图书的采购计划。这种计划可按分类法来分类。在主题下,如有必要也可以把较小的问题冠以小标题列入

计划表内,分别定出各主题的主要类型书籍的册数。总括起来说,主题计划与我国图书馆通行的"各类图书采购基本标准表"有点相似,所不同的在于它分类分得比较细,并且结合图书的主要类型。尤其不同的是它还联系读者对象的需要,并且经过分析研究才提出采购图书的册数。

(三)补充缺书计划:指的是充实藏书薄弱部分的计划。

(四)新建藏书采购计划:就是新创办的图书馆采选核心图书的计划,或者新设特藏图书的采购计划。

(五)其他藏书采购计划:图书馆可以根据具体情况分别地订出新书刊采购计划,旧书刊资料采购计划和教学用书采购计划(高等学校图书馆适用)。

(六)撤除陈旧多余图书计划:是对辅助藏书和基本藏书订出检查过时的和多余的图书的计划。

总之,长期的藏书采购计划,要依靠短期的采购计划逐渐地体现出来,而短期计划一定要从长期计划出发;至于主题采购计划、补充缺书采购计划、新建藏书采购计划,以及撤除陈旧多余图书计划,都要正确地与长期的或短期的藏书采购计划结合起来,才能顺利地完成图书采购工作任务。

三 藏书采购计划的要求

正确的藏书采购计划须具备下列的特征:

(一)计划要有现实性。正确地制订藏书采购计划一定要从具体情况出发,一方面要做好调查研究,分析藏书情况,读者需要图书情况,书籍来源情况,以及以往的采购工作经验;另一方面还要紧密地配合读者服务部门的工作计划,结合本馆财力、物力和人力。只有在精确的调查研究基础上制订出来的计划才能正确地符合客观实际,关在办公室里随便填写一张采购工作任务一览表,是绝对没有现实意义的。

（二）计划要有积极性。制订的计划必须与改进采购工作相结合，发挥工作积极性和创造性。如条件许可时，应争取与友馆联系，在采购计划上适当地配合，以达到重点分工的目的。

（三）计划要具体。计划要明确地规定出何时开始工作，何时完成工作，以及由谁负责等等。因为只有把计划订得具体了，然后执行起来才有明确的目标，检查工作才有所依据。

（四）计划要有组织性。就是计划须要在领导与群众相结合的条件下来制订它检查它、补充修正它和贯彻它。因此在制订计划时，领导须要说明计划期内本馆工作的总任务，藏书采购计划的基本任务和目标，提出控制数字（采购图书的总册数，吸引各阶层新读者的人数，以及图书预算经费等），指出采购工作薄弱的环节，订出制订采购计划的工作步骤及工作组织方法，要使采购工作计划与本馆其它工作单位计划互相配合，达到上下通气，左右联系。除了贯彻自上而下的积极领导外，还要尽量发挥自下而上的群众积极性，领导要组织群众去广泛讨论，不仅要本馆有关的各单位来讨论，并且还要组织群众积极分子和专家来提意见，在高等学校内一定要组织教师或图书委员会去审查计划。只有这样制订的计划才有群众基础。

第二节　制订图书馆藏书采购计划的基础

一　编制藏书补充计划应以下列的各项材料为基本前提：

（一）党和政府所提出的一般的政治经济文化教育任务。如宣传中国共产党第八次代表大会文件，贯彻勤俭节约方针，"百家争鸣"方针等，都给图书采购计划提出了具体的任务。日历上重大事件和革命纪念日等等都是图书采购计划的重要主题。

（二）本地区的各项中心工作除结合全国性的经济政治和文

化教育任务外,图书馆的藏书采购工作计划还必须与本地区各项中心工作配合起来。因此图书馆员就必须经常地阅读本地的报纸,注意各机关团体的决议,了解到本地区当前的任务后,预先地做好采购图书计划,以满足读者的要求。

（三）本馆领导上所提出的全馆工作任务以及具体采购工作具体任务,新增加的读者人数,增加采购册数等的控制数字,高等学校的教学计划,科学研究计划,学生论文题目以及服务单位的生产计划等,都是制订藏书采购计划所必要的依据。

（四）制订藏书采购的其它依据:如计划期内的图书经费预算,以及有关藏书采购调查研究资料:如读者需要图书情况的总结,读者成分的研究,藏书情况的分析报告、缺书待补书目、各种主题补充书目、出版社的选题计划、新书刊预订书目等等。此外对待读者工作部门的为科学研究服务的工作计划,吸收新读者的计划,图书拒绝率,提高主要类型图书保障率计划,各种群众文化工作计划,发展图书流动站的计划,以及配合科学研究的书目参考工作计划都是编制藏书采购计划的基础。

（五）过去的藏书采购计划的检查:上年度的藏书采购工作总结报告乃是新采购计划的重要出发点。因为在那些工作报告中必然指出以往工作中的成绩,也一定揭露工作中的缺点和存在的问题,并且还可能提出了改进工作的办法。所以在编制新采购计划时,首先去考虑以往的经验是有重要意义的。制订藏书补充计划的重要依据,大致如此。

第三节 图书馆藏书采购计划的编制程序和构成方法

一 制订藏书采购计划的各阶段

制订藏书采购计划的工作可以分为三个阶段(一)编制计划的准备阶段(二)编制计划的主要阶段,(三)执行计划过程中编制季度计划和月度计划的阶段。

上年度藏书采购工作总结完毕时,即计划新年度采购计划的开始。这项工作应当是经常的,有系统的,深思熟虑的,不能用赶任务的突击方式去完成它。

(一)编制计划的准备阶段:主要的工作是搜集资料和研究资料,作出采购计划材料,并根据具体情况规定各项调查研究的期限,例如:

(1)主题计划,(第二——三季度)。利用推荐书目编制主题采购计划书目单,使各主要成分读者适用书籍的主题具体化。这项工作除应争取馆内外的专家积极参加外,还应研究本市其它图书馆的采购范围,估计到通过馆际互借的可能性,以便更正确地决定本馆采购主题的范围。

(2)研究藏书成分(第二——四季度),根据标准书目和推荐书目检查藏书,并征求专家学者的意见,作出补充缺书计划的书目单或待购卡片目录。根据书评索引(被批评书籍索引),新版本、新译本、停售书目单,图书流通统计,藏书研究资料等等选出过时的多余的书籍书目单。

(3) 研究主要读者对象的需要以及未能满足的需要(第一——四季度)根据藏书流通统计、读者服务部门工作日志、读者介绍书单、读者预借书的书条等资料,作出部分的藏书采购计划以及缺书书目单。

（4）研究出版社的出版计划以及图书发行机关如新华书店、国际书店的预定书目以及机关图书资料出版消息等等资料（第一——四季度），订出各种选题计划。

（5）预定报纸杂志（第一——四季度），根据邮局的订阅"报纸目录"，国际书店的征订外文杂志目录以及其它书目等等结合本馆需要情况作出预订报纸杂志书目单。

（二）编制计划主要阶段

（1）藏书采购年度计划的提纲。一般都是在每年十一月前校正订出来的，以领导所提出来的藏书采购基本工作任务和主要控制数字为基础，结合有关采购图书调查研究的各种结论，各部门的重要工作计和以往的采购工作经验，经过综合平衡研究之后，编成纲要式的计划，提出计划本身的任务和具体工作，举出轮廓的数字（指标）送请领导审查或图书委员会讨论。举例：

"东北图书馆一九五五年图书采购计划提纲摘要如下：

力求图书采购工作与图书宣传工作、图书流通工作相适应。

进一步加强调查研究工作，尤其对读者调查研究。

根据缺书目录逐渐补充中文书，特别着重补充技术书。

于第二季度组织人力前赴……分配和接收日文资料。

全年补充图书计划。

甲、中文一般书　　五万五千册　　需经费三万八千五百元

乙、古籍　　　　　　二千册　　　　一千七百元

丙、俄文图书　　　一万七千册　　　二万〇四百元

丁、其它文字　　　三千册　　　　　三千六百元

拟购图书共计七万七千册共需经费六万四千二百元

中文报纸（第一二三季度订）

中文杂志（下半年订）

中外报刊（第四季度订一九五六年的）

全年共需经费一万元

交换工作，第一季度完成复本整理工作。第三季度完成中文复本整理工作；第一季度对东北各馆进行调拨，或对其它地区各馆有重点的交换古籍和"五四"以来进步书刊以及东北地方文献。第三季度与较大省市级公共图书馆及大学图书馆展开书刊交换。"

（2）年度计划草案的拟定案。藏书采购计划提纲经领导同意之后，再着手编制计划"平衡表"，把提出的指标分类综合起来与现有图书分类积存统计数字相比较，求出各类图书需要增加数字和比例，这样才能使流通和参考工作计划所需图书的总数和与入藏图书和补充图书的总和大致保持平衡，从而可以确定补充各类图书的数字计划。数字计划确定后再参考上年度计划执行情况，并估计计划时期图书来源情况，结合控制数字，对初步计划做一些适当的加工和修改，这就形成藏书采购数字计划草案。这个计划草案经过审查讨论并作出了必要的修改后送请领导批准，即成为正式的藏书采购计划，具体采购工作就须按照它去执行。

（3）在采购工作中季度、月度计划的编制

季度计划根据批准过的年度计划按季度编制季度计划，采购计划更具体地规定出来。

月度计划：根据季度计划再制月度计划，把逐月的工作以及由何人去执行都预先规定出来，以便有条不紊地去进行工作。

二 藏书采购计划的构成方法

正式的藏书采购计划不仅仅是个补充图书分类数字表，而且须有各项附带的文件说明或卡片目录，如主题采购计划，重要书刊补缺计划，主要书刊交换计划和说明书等等。

主题计划可以按本馆分类法来分组，在主题下如有必要的较小问题也可以冠以小标题列入计划表内，在主题计划内还指示出版物的各种类型,结合读者对象,规定各主题各类型图书的册数。概括地说,主题计划的结构有点与我国图书馆界通行的"各类图书采购基本标准"表相似,所不同者它的分组是比较细致的,而且又结合主要类型的图书,尤其不同的一点就是它在决定各种册数时最结合本馆读者的需要量的。

三　藏书计划执行情况的检查和藏书计划的补充修正

斯大林同志教导我们说:"只有官僚主义者才能认为计划工作在制订后,便告结束。制订计划不过是计划工作的开始,真正的计划工作上的指导,只是在制订计划之后,在检查各地执行情况后,在实现、修改和确定计划后才能展开起来"。所以我们在计划制订之后,须要组织执行计划,汇报计划执行情况,以及建立检查计划执行情况等的制度。如果在政治经济、文化教育方面有了新的重大任务时,以及服务单位的生产任务,读者服务范围有所改变时,在执行计划中发现计划有缺点时,都可以通过一定的手续作出必要的修改和补充,才能保证完成藏书采购计划的任务。

第六章　图书馆藏书采购方法

第一节　图书馆藏书采购来源

本节主要地说明购入图书来源和非购入图书来源。

一,购入图书来源

主要可分为两大类,即购买的和非购买的。

购买书刊主要来源共有七种,最主要的是向新华书店订立购买中文图书的合约和向国际书店订购外文图书。

(1)与新华书店订立"图书供需合同"或根据新华书店的"订货目录"的办法预定新华书店经售的新书。

图书馆与新华书店每年签订供应书籍合同。合同规定新华书店的主要责任是按照图书馆在合同附件"图书供需合同分类需要基数表"中所提出各类图书所需的册数优先供给图书馆。而图书馆的主要责任是要在"分类需要基数表"中举出每类所需图书的基数即复本数目。合同期满后,得根据需要另填分类需要基数表签订合同。

合同订书的优点:通过合同订书可使我国出版事业和发行事业正确地贯彻计划发行的方针;对图书馆来说,图书馆可以及时地,如数地获得所预订的各类图书。

合同订书的缺点就在于供应来的书往往不合图书馆的需要,

退起书来又不胜其烦。何以会发生供非所求的现象呢？主要的原因是由于图书馆在签订合同时,对于将要出版发行的图书的主题、图书的内容、图书的类型、图书的对象以及出版机关全不掌握,只能抽象地凭一张分类表去预选图书。这种脱离具体图书的选书方法必然会产生供非所求的现象,要解决这种困难,在目前条件下最好改用"订货目录"订书方法来改进采购工作。

"订货目录"订书办法的主要优点,在于这个目录分门别类地按照图书内容提供了具体的介绍(书名、著者、出版社、该书的知识门类、开本、字数、页数、估价、大概的出版月份、内容大要、出版意图和读者对象)。因此,图书馆员就能利用这种目录比较准确地而又具体地预选图书,从而把采访工作质量提高一步。但各地新华书店的"订货目录"或不包括全国出版的所有新书,如果要全面采购图书,还须与新华书店另行订立合同。

总之,中文新书的主要来源是新华书店,不论用"图书供需合同"订书方法或用"订货目录"方式去预订新书,图书馆一定要与新华书店紧密联系,才能把采访工作做好。

(2)预定公开发行的书刊:书刊公开预订,也是计划发行的一种重要措施。凡大量公开征订的篇幅较多售价较高的图书和分卷出版的多卷集,如"政治经济学教科书""鲁迅全集"(新版本)等等,并不包括在"图书供需合同"之内,图书馆一定要及时预定才不至于漏购。而中外文现期报纸和杂志更要及时地到邮局去预定,才能保证它们到馆的及时性和完整性。

(3)向国际书店采购外文书:外文图书的主要来源是国际书店或新华书店外文部。凡苏联发行的书刊,东南欧人民民主国家发行的图书以及资本主义国家刊行的进步书刊都可以按照国际书店的各种图书和期刊目录及时预订,以免将来采购不到。资本主义国家的科技书刊,须先经上级批准后才能委托国际书店去订购。此外,国际书店门市部和新华书店门市部还发售新到的外文书刊。

图书馆员必须经常与国际书店联系,以便及时获得新书报导消息,搞好外文图书的采购。对于与专业有关的生产部门的出版机构,也需要紧密联系以便及时获得各种需要的图书资料。

(4)直接选购,新书送样,书店代购或外埠邮购:除了向新华书店和国际书店预订图书外,馆员还应到这些书店的门市部去直接选购,以补图书报导消息的不足。此外,馆员还需要运用以下的辅助方式来充实他们的藏书。

(a)到本地书店直接挑选新华书店和国际书店所不经售的书。

(b)由约定的书店经常送样本书刊到馆,以便选购,这种方法对于充实古旧书刊很有帮助。

(c)凡本埠购买不到的图书可委托新华书店邮购代办科代购,或由本馆直接向外埠书店邮购。邮购时一定要把订书单开好,以免发生错误。

(5)外埠采购:这种到外埠去买书的方式,只有大型图书馆为了填缺补充大量书刊才能采用。在出发前一定要有周密的采购计划,否则就会浪费人力财力了。

(6)报刊征购:在报纸杂志上征求书刊是在下列情况下进行的:一种情况是征求某种绝版书和罕见书;另一种情况是征求某一门类的文献资料,如有关本省的革命史料,民间文学等等。图书馆不知道有些什么材料,又不知道从何处来采购这些材料,只有采取这种广泛的征求方式才会有效地获得需要的图书。

(7)复制书刊:凡罕见图书或绝版图书以及成套外文科技杂志可以用各种照像复制品或显微影片来代替原版书。但最经济的办法还是积极地配合廉价的外文书刊的翻印工作。中文书要复制的也可以采用传钞或影钞方法去补充它。

上面所讲的是购买书刊的七种来源。

二,非购入图书的四种来源

（1）赠送、征集和接收。

（a）赠送书刊可分为两类：一种是出版机关或个人自动赠送的；另一种是图书馆主动免费征求来的。

（b）征集书刊：小型图书馆在新建立时，可以采用这求书方式来充实它的藏书。

（c）接收书刊：多半是机关的拨交图书，或者是经过统一分配的调拨图书。接收书刊是非购入图书的一项大宗来源，但不是经常的来源。在接收大批书刊时图书馆应该慎重地考虑到图书馆藏书的需要以及整理和保管大批书刊的条件，不能只注意追求藏书的数量，而积压人民的图书财富。另一方面，凡有大量积压图书的图书馆亦应加速把积压书刊整理出来，以便把多余图书合理地调拨到最需要的图书馆去，发挥它的潜在力量。

（2）缴送本：按国家实行的版本呈缴法，某些图书馆从各出版机关免费接收公开发行的新书样本称为缴送本。（旧称呈缴本）。

缴送本是苏联各大图书馆图书补充最重要的来源之一，有全部的缴送本和部分的缴送本及"备价的缴送本"等种种规定。在苏联有四十多处图书馆免费接收缴送本。我国现在接受缴送本的图书馆，有北京国立图书馆和科学院图书馆等处。文化部1955年"关于补充省（直辖市）图书馆藏书试行办法指示"中指出，自1956年起有几个指定的公共图书馆开始进行全面的图书补充，样本分别由新华书店发行所和各省分店分别寄发。这乃是试行备价样本的办法。对于一部分高等院校的图书馆，将来或许也有试行备价样本办法的可能

（3）交换书刊：这种非购入图书的方式可分三种交换方法：

（a）与国外机关团体建立经常的书刊交换关系：我国现在有国立北京图书馆和中国科学院图书馆两处与国外直接建立书刊交

换关系,为了及时获得我国社会主义建设和科学研究所需要的书刊,并为了节省外汇,我国各图书馆今后应该扩大国际图书交换关系,使上举的两个图书馆成为公共图书馆系统和科学院图书馆系统国际图书交换的中心。另外,高等学校图书馆亦应有一个中心图书馆统一负责高等学校图书馆的国际书刊交换工作。其它个别图书馆凡与某个国家图书馆有历史关系,或者可以新建关系的,均可通过一定的手续进行个别的书刊交换工作。

(b)个别图书馆互相交换书刊,包括:各馆新出刊物的经常交换关系,和多余书刊交换关系;

(c)集中交换书刊,这种交换书刊方法的优点很多,苏联图书馆的先进经验是值得我们学习的。

第二节　图书馆员选择图书的方法

为了正确地选择图书,首先,馆员要有一定的政治文化修养,一定的专业知识和语文能力才有了解图书、研究图书的条件,这是馆员做好图书选择的基础。其次,馆员须要熟悉业务,即须要掌握本馆的图书采购原则和标准,图书采购计划,本馆藏书情况和读者需要情况,图书经费等等。还要了解出版情况,更要善于利用书目、书评等参考资料,然后才能正确的选择图书,才能作好图书补充工作。

怎样研究图书?

馆员初步选书方法,必须学会独立研究图书,现分三点来说明:

(一)馆员须要掌握必要的图书知识。

(二)采取博览和重点阅读图书内容的方法研究图书。

(三)馆员还须注意图书的外形。

（一）掌握必要的图书知识:馆员要区别书的好坏,首先就要懂得书,而要懂得书就必须要一定的图书知识为基础,但是书籍所包括的科学领域是那么广阔和复杂,图书种类又那样的多,馆员怎样才能在有限的时间内获得选书必备的知识呢? 这就需要作到:第一,基本的学习方法:仔细的阅读每种知识门类的基本理论图书和最主要的著作,掌握各类型图书的特点,尤其需要结合本馆业务性质有重点地去研究一些工作上必要的图书;第二,辅助的学习方法,了解各种科学史及文艺发展史,熟悉各种知识领域内的标准书目与参考工具。这样的快速学习方法,如果能够做得好,就可以初步掌握各类的主要图书知识,从而就具备一定程度的选择图书能力,但是还要在工作中不断地积累新的图书知识,才能逐渐地提高研究图书的水平;第三,在高等学校的图书馆工作人员可以在校内正式补课,在机关图书馆服务的工作人员也可以请专家系统地讲授本单位的生产知识。

（二）博览和重点阅读图书内容:由于出版的新书太多,而馆员的时间又有限,因此馆员不可能逐页地读完每一本书,只有采用博览和重点阅读图书内容的方法,才能解决图书馆的选书问题。

（1）浏览书名页:书名页上通常提供以下各种有关图书的材料:作者姓名、书名、出版社名称、出版地点和年代。书名页对于初步了解书籍的内容是有很大帮助的。怎样根据书名页上的材料来研究书籍呢? 现在把这些材料的意义分析如下:

（a）作者:从书籍作者的姓名常常可以初步估计一本书的思想倾向和它的主题内容,以及该书在科学上和艺术上的价值。固然,了解作者对于研究书籍的质量会有很多帮助,但是,作者姓名并不是判断书籍质量好坏的唯一标准。如果这样做就会形成盲目崇拜权威的偏向。

此外,书籍作者的姓名有时并不能断定一本的内容,因为同一著者可以编写许多不同内容的图书,因此从书名来了解图书就有必要的意义了。

（b）书名：它是作品内容的集中表现。社会科学和自然科学书籍的书名，一般都能反映出作者所提出的问题，在一定程度上能正确地表达出书籍的内容，例如，马克思和恩格斯的"共产党宣言"就是一个明显的例子。另外还要注意书名的副题，例如列宁的"唯物论与经验批判论"，它的副题是"关于一种反动哲学的批判笔记"，这个副题就把该书的主要内容解释得更明白了。一书的题下事项往往说明书籍的用途以及作品的体裁；题上事项常常指出书籍的编辑机关或书的名称，更能表现出一书的性质和价值。

（c）出版事项：书名页上的出版社名称也是研究书籍的一项重要材料。从出版社的专业范围我们就能一般地断定该书的内容和读者对象，从出版的年代我们能够了解一书采用材料的新旧，从版次的新旧和次数我们可以推定该书内容的现实性以及该书是否通行，在书名页的反面我们常常可以看到该书的付印数目以及定价等材料，而印数的多寡更能表明书籍普及性的大小。解放前所出版的书籍把这些事项往往印在全书的最后部分或者印在底对面的里页上，称之为版权页，我们必须注意它。

上面说明了书名页材料对于研究书籍内容的重要性。馆员在研究图书时，一定要先从研究书名页着手，但是只凭书名页去研究书籍的内容还是不够深入的，因此我们就必须去研究书籍的正文。

在研究了书名页之后，馆员还应该仔细阅读它的内容提要等材料，然后再有重点地去研究它的正文。

（2）目次：在各种书上，都有它的目次，表明该书的内容组织、章节的目题以及附录、插图、书目索引等。馆员根据这些材料，又能进一步比较具体地认识这本书的主要内容和它的用途。

（3）序言：一书的作者常常在它的序言中介绍这本书的写作经过以及它的出版原因和读者对象，甚至还可能分析该书的主要内容及其特点；如果是翻译的书，译者也会有一篇序言向读者介绍该书的内容,并对该书给以适当的评价;如果序言是由出版社、学术机关,或权威专家写的话,那样的序言一定是带评介性的。在文艺书籍里常常以跋语去代替序言,用跋语来帮助读者分析作品。由此可见序言和跋语的作用是多样的,在研究图书内容上是不可忽略的材料。

（4）本书的内容提要:一书的内容提要常常印在扉页的背面或登在新华书店的"订货目录"上以及其他各种推荐目录中。这种的内容提要是了解一书的主要内容、主要用途,和主要读者的最简捷的方法,馆员在阅读正文之前一定要去参考它。

（5）重点的研究正文:在阅读正文前,特别值得注意的是:首先,要端正自己的立场、分清敌我思想界限,才能对一书的内容有正确的认识;否则,同是一本书,由于自己的立场不正确就可能产生错误的看法,例如,人们对俞平伯的"红楼梦研究"一书不同的估价,就是一个最明显的事实。其次,要用马列主义的观点方法来分析图书的内容,研究作品的内容是否正确的反映了客观规律,是否符合党的政策和决议。只有端正了自己的立场、观点、方法,才能正确地研究图书。下面再谈谈如何有重点地来审阅一书的正文。

怎样阅读正文呢? 首先应察看该书有无绪论,如有绪论,阅读正文即应从绪论开始,因为绪论通常阐明一书中所研究的问题的意义和性质,说明作者写作该书的目的。在了解一书的内容上,绪论比序言要详细得多,所以我们不能忽略它。

其次,应该选读一书中最主要的章节;研究该书主题思想的出发点和结论是否正确,论证是否可以使人信服,见解是否易于使人接受,文章组织是否首尾一贯,文字是否通俗易懂和生动,以及该书的任务能否在提高人民的政治科学文化水等方面起一定的作用。

馆员又可以在该书所指出的特点或优点的地方,以及在自己最熟悉的部分或认为有问题的方面,比较仔细地研究一下,估计是否值得采购。

除了正文以外,书中的插图和附录也可以审查一下,看看它们是否对于了解该书的内容有所帮助。

总之,馆员在选购大量图书时,只能采取有重点地有目的地选读图书内容的方法。根据初步研究的结果,可以确定一书的思想性,它们科学价值和艺术价值,因此就可以决定要与不要。对于一些很专门的图书,馆员往往难于批判分析,在这种情况下,馆员应该利用书评材料来帮助认识图书和选择图书,或者请教馆内、馆外的的专家来帮助审查。

(三)研究图书的外形——装帧、印刷和纸张:馆员选择图书,固然应该着重研究它的内容,但对于它的外形也要适当地注意。怎样研究图书的外形呢? 简单地说,可以从美观,实际,和经济三个标准来衡量。例如,优美的封面,能够引起读者的注意,对于通俗图书、儿童读物更为需要。书籍的装订是要精装还是要平装,应该由该书的专门用途或其保存价值来决定,大凡常用的书,重要的著作,以及美术刊物都需要精装。书的开本大小,应该按照书籍的用途或类型来决定,凡专供短期内连续读完的书如小说、通俗读物等最好选三十二开本;对于篇幅较多的工具书、画册等最好挑十六开本。铅字字体大小的选择,要以读者的需要以及书籍用途来决定,对于阅读水平较高的读者以及不须连续阅读的工具书可以选小铅字排印本,对于识字不多的读者和儿童以及连续阅读的书,如小说,都不应选小铅字本。至于书籍的纸张也应该从书籍的用途及对象去挑选。最后,还要根据本馆的图书经费条件去决定采选图书。不过现在出版的一般图书,大多数只有一种版本,开本、铅字、纸张、装订等等都是一样的,所以事实上也就无从选择了。但在有几种不同的版本出现时,图书馆一般地是要选购那些经久耐用而美观的本子的。

以上三种研究图书的初步方法：第一是培养馆员的选书能力，第二，第三是帮助馆员直接研究图书的步骤；但在研究图书的过程中，不应该孤立地去研究一书的内容、文字、和形式，同时还必须联系到下列各要点来采选图书：（1）考虑书籍题材的现实性，（2）考虑挑选的图书是否与读者的水平和需要相适应，（3）考虑到同类书籍或类似书籍的出版情况和库藏情况，（4）联系到本馆的采购图书原则标准和计划，（5）注意到书籍的价格以及本馆的经费条件，（6）确定本书的需要数量，最好与本馆读者部门负责同志共同研究确定。只有从各个角度来研究图书，选出来的图书以及采购的册数才能全面地反应客观实际的需要。

但是，大型图书馆的图书采购工作是较复杂的，因此不能单纯地依靠采访部的工作人员去选择一切图书资料，而应通过图书采购委员会的方式争取馆内外专家的帮助来解决选购图书工作上的问题。这种办法对于大型图书馆是比较现实的。小型图书馆如果没有条件组织图书采购委员会，亦应取得大型图书馆或各系统的中心图书馆的指导，以便提高采购工作的质量。

第三节　图书馆藏书购求方法

图书购求方法的类别：采购图书方法包括图书购求方法的类别，图书采购的工作组织以及怎样撤除过时的和多余的图书。总括起来，可分三类：（一）日常购求图书方法，（二）缺书购求方法，（三）新建藏书购求方法。现将每种方法的特点分述如下：

一　日常购求图书方法

这个方法最重要的要求是要经常地、完整地、及时地去采购新出版的书刊。只有这样才能保证及时获得新书避免漏购、少购的缺点。

　　日常的图书采购应当按照每月图书采购计划或主题计划经常地从新华书店的"订货目录"、报刊上的刊物报导消息、图书评介，以及各出版社的新书介绍材料中，挑选新出图书或即将出版的新书、定期刊物、连续刊物以及特种图书等等。结合读者需要编制拟购图书卡片主题目录，分别需要缓急，联系图书来源决定最合理的方法：或预定，或长期预定，或加入学会按期缴纳会费取得会员资格获得廉价的期刊和其他出版物（后两种办法适用于英美学术社团出版刊物的订购），或直接选购，或新书送样，或征求交换，以便达到快、省、好的目标。

　　二　缺书购求方法

　　这是重点补充图书的方法，须要根据缺书补充计划有系统地有重点地按照书目检查各类藏书的完整性和保障率，经常研究读者需要不能满足的图书，考虑复本书的添购，报毁图书的补充，重要期刊残缺的特点分别地编制各种"缺书待补卡片目录""期刊缺期待补卡片目录"（亦称待购片），并决定需要复本册数。如果需要补充的缺书很多，可以把本年出版的缺书与往年出版的缺书分成两组，这样的分开排放就更便于搜求了。但必须经常注意利用各种书目工具、图书馆的标准书目、新出重版图书目录、图书显微影片、卡片及印刷品目录、翻印书目、图书年鉴、图书总目、友馆的多余复本书刊目录、各种教学大纲、参考书目，旧书店书刊目录等。

　　缺书补充的主要来源一般是通过馆标交换。凡采访不到的重要书刊，可以在报刊上征求，或者采取适合的复制方法，或者参加翻印工作。

　　三　新建藏书购求方法

　　（一）新成立的图书馆第一次补充图书时，应根据各图书馆的方针任务从各种标准图书目录中首先挑选最基本的图书,如无标准书目可以参考,就应征求专家编制藏书基本建设目录或参考同类型其它图书馆的藏书目录以便新建藏书。总之,利用标准书目的标准特性去采购图书,乃是新建藏书方法的主要特点。至于工作进行的步骤,首先应该选出必备的基本图书卡片目录以便立即采购,将来再用日常补充方法和填缺补充方法去逐渐充实藏书。

初次购求图书的主要来源,最好争取调配图书或者利用征求募集方法。

(二)新建特藏图书方法:首先应明确特藏的目的和服务对象,其次规定特藏图书的范围及重点,然后利用参考书目材料来逐步组织藏书,现在,略举省立图书馆建立"地方文献特藏"的方法来说明。

明确省立图书馆地方文献特藏的目的。它的地方文献特藏是为本地区党、政、经济、文化机关进行经济和文化建设而服务的,又是为向本省广大劳动群众进行爱国主义教育而建立的。根据这两个主要的目标,就规定了一般的藏书范围如下:

省立图书馆地方文献特藏的范围和重点包括两大部分藏书,第一部分是有关本地的文献,第二部分是本省境内刊行的书刊。在第一部内包括以下各类资料:(1)关于本地区的历史文献,如地方志、地方史科、地方传记等;(2)关于本地区的自然财富和经济调查资料,如关于本区的地质、动植物,水利、气象、农业、矿业、工业等等调查统计报告资料;(3)关于本地区文化资料:如民间文学、地方美术工艺、名胜古迹图书等等;(4)关于本地区的革命文献和对社会主义建设有功人士的资料;(5)关于本省的参考书目资料。根据这样的搜书的要求,就决定着利用如下的书目材料。

利用的书目参考材料:关于旧籍的部分,可利用下列书目收集资料:(1)本馆藏书目录;(2)中国地方志综录;(3)本区的各类文献目录(从书目之书目一类材料及有关本地区著作中所引用的书目中去寻找);(4)有关本地区的专题文献(从各种专题书目内找有关本区的文献,从一般书目中找有关本区的文献,从本地旧报纸杂志广告中找有关本区的文献;从本地人著述中及寓居本地人的著述中找出有关本区的文献)。关于新书部分可利用下列书目选择资料:(1)全国出版新书总目;(2)本区各出版社编印的书目;(3)本地邮电局预订杂志报纸书目;(4)各种报纸杂志论文索引。

系统地组织地方文献特藏的方法,总括如下:(1)先从馆内基本藏书中提选地方文献,然后再向馆外搜集其它的材料。(2)收集刊物类型的次序:先搜集书目,然后再收图书、政府刊物、报纸杂纸图片手稿、抄本等等。(3)收集刊物内容的先后次序:先采选各类的基本图书以满足当前地方上的迫切需要,然后再有系统地、有重点地补充其余的图书。(4)收集刊物出版时代的先后次序:首先从当前的资料开始搜集起,然后再有系统地采访本区的现代史料,近古史科,以及上古史科。(5)按地区性的先后次序收集刊物:先从全省的文献收起,然后再找各市县的资料,最后再适当地采选经济上、地理上有共同性的邻近省份的文献(以涉及本省材料者为限)。(6)收集刊物的语文先后次序:先收中文书,后收本省少数民族语文书,然后再采访有关本省的重要外文资料。

四 图书采购的组织工作

图书采购的组织工作,主要是包括劳动的组织和技术措施的组织。由于图书馆的条件各不相同,因此在采购的组织工作上的具体办法,就不能强求一致了,但总以贯彻全面节约,少花钱,多办事,把事办好为目标。

(一)图书采购工作的劳动组织方法。各类型图书馆应按照其性质和特点以及工作条件去把它的工作机构合理地组织起来,例如,是否应运用采编合一的形式,或采编分开的办法,或在采购部之下再按图书文字、图书形式去细分小组,或不分部组而由馆长兼任的办法,将于下章各类型图书馆采购工作特点内去述明,但不管怎样地去划分机构,必须力求做到精简编制,节省人力,分工明确与配合灵活的要求。

为了顺利地组织劳动,图书馆就必须要建立一套采购工作制度,如采购工作条例,采购工作手册等等以便帮助领导工作,检查工作以及改进工作。尤其重要的制度,如采购工作的集中,图书经费的统一掌握,期刊报纸的集中或直接由邮电局递送分馆、学系图书室的办法都要肯定下来,才能统筹兼顾地去计划在人力、物力或财力上的节约。

在采购手续和记录方面要组织得既精简而又周密。所谓精简,就是说:手续和记录只做必要的,凡是应该合并的就合并,凡是应该简化的就简化,凡是并行重复的一定要避免;所谓周密,指的是各种手续和各种记录之间都要相互兼顾而又有联系,不能彼此脱节。此外,办公室的合理布置,必要的书目工具和设备用品的充分配备,对于提高采购工作效率和节省馆员们的劳力都有很大的意义。

(二)图书采购的技术组织工作。图书采购的技术措施,可以分为三部:第一,订购前的准备手续;第二,订购工作;第三,验收工作。

订购前的准备手续又可分为二项,即:"采购片"的制订和组织,及"采购片"的检查。

(1)"采购片"的制订和组织"采购片"是采购纪录中的主要环节,其格式和内容见图样(一),它是依据以下的材料制订的:读者,馆员的图书介绍单,"订货目录"单,圈选过的书目,图书广告消息,出版社的出版计划等等。

"采购片"的运用是多方面的,同一"采购片"在采购工作的不同阶段上就会起不同的作用,因此它也就另有不同的名称,其实它还是原来的一张"采购片"子,所不同者只在纪录上有了增加,而且为了检查方便的缘故另外排放在不同组合的目录盒里。

"采购片"所指的图书在订购前，或在待购中（配补旧书刊用），或在拟购图书的审查中，这些片子都成为制订采购计划的依据和选定图书、拟购图书以及待购图书的原始材料。它们可以分别地排放在一定的选定采购图书目录、拟购图书目录（待审查）、待购图书目录（待配补）里去，因此有人就改称这些"采购片"为"选购片"或"抵购片"或"待购片"以示区别。

等到"采购片"所指的图书的订购单寄出了，馆员把订购日期、订购图书单编号和书店名称也填写在"采购片"上。

那些"采购片"就起了证明图书已经订购了这一事实的作用，因此它们就不应再还回原来的"待购片"或"拟购片"盒子里去，而要另外排在订购过的图书目录片子组合〔订购图书目录〕中。对于这些"采购片"，有人又称之为"订购片"。

再等到"采购片"（即"订购片"）所指的图书到馆经过验收后并把收到日期、发票号等等也注明在片子上。这些"采购片"同样也不回到原来的"订购图书目录"而要另外排放在图书已经购到的目录片盒子（即"购到图书目录"）里去，表明所指的图书已经购到了，因此有人又称这些片子为"购到片"。在实际工作中有时选书与购书工作是同时进行的，在那样情形下填写的"采购片"就直接成为"购到片"了。

"采购片"在图书购到后应该如何处理呢？有些图书馆把这些"购到片"都作废了，以便节省办公室的面积；也有的图书馆把这些"购到片"与公务目录结合起来，或者利用它们作为通知书籍介绍人的信。用带内容提要的"预定目录"剪贴成的"采购片"，图书验收后可以送到书目参考部门去作书目参考用。当然，如果保留它们只是作为购到图书的证明是不经济的，但全部弃而不用同样也是不经济的。

"采购片"需要几份呢？那要看具体工作的情况和条件。如果每个月只买十余本书或者选书与买书是同时进行的,当然就无须依赖"采购片"去检查工作了。但是,在采购大量图书的情况下至少要有一份待购片才能保证工作做得有条不紊,不致发生漏洞。有些大型图书馆也有采取多份"采购片"制度的,例如:一份作为制定计划和检查计划执行情况用,就可以按照计划的主题排;另一份按照字顺排作为检查采购工作用;又一份也按字顺排作为检查组织藏书工作过程用。当然,三份全要的情况是极少有的。

"采购片"的组织要不要再详细分组呢?这也要看采购图书量的多寡和工作性质的复杂程度来决定。总之,细分的主要目的就是在于使采购工作进行起来更加方便。

"采购片"分组的依据大概有以下的几种:按照出版时间分成新书"采购片"组和旧书"采购片";按照图书文字分成:中文"采购片"组、俄文"采购片"组、外文"采购片"组等等;按图书形式分成:期刊"采购片"组(格式见图三)、报纸"采购片"、连续刊行物"采购片"组、特种图书资录"采购片"组、多卷集"采购片"组(格式见图三);按照图书需要性分成:即购图书"采购片"组、缓购图书"采购片"组、可购可不购的图书"采购片"组、需要进一步审查的图书"采购片"组;按图书来源分成:交换图书"征求片"组、免费图书"征求片"组、内部刊物"征求片"组。

期刊"采购片"的式样见(图三),多卷集的"采购片"无须另制,可以和用期刊"采购片"来代替。对于非购入图书的"征求片"或"交换片"都可以用"采购片"去进行工作。如果一定要把它们的来源区别开来,那就可以用不同的颜色的采购片来标志它。

在大量交换和征求图书时,还应具备一种交换机关片。用片子的正面登记征求或交换进来的刊物,用它的反面登记应征求和交换出去的刊物以备随时检查。

(2)"采购片"的检查工作 在制订图书"采购片"的同时,须要对"采购片"进行查检工作,既要查得快,又要查得准,也就是要把"采购片"上的记录与书目著录查对一下，如书名、著者、出版年、出版处、发行所、国别、版本、从刊名称、价钱、册数等等是否完整无误，如果有错应立即更正。其次还要查该书是否入藏或已在订购中，或正在整理过程中。就是要查对公务目录片、图书"订购片"、图书"购到片"、图书正在组织过程中的"购到片"、积压图书目录片甚至本地区的联合书刊目录，以免采购不必要的复本。在订购外文图书时应注意它的版别以及部和册的不同之点。

由此可见，"采购片"的查检工作质量的高低不仅对于书到馆的快慢有关，对于购到率的大小有影响，而且很容易造成买错了书，买漏了书和买重了书的错误。这样的查检工作并不是一件简单的查片子对书目的动作，而是要有高度业务技能才能胜任这项任务。如对书目工具的利用方法，本馆书刊著录的条例，版本的知识，本馆和友馆的藏书特点以及本馆的图书采购原则、标准和计划等等都是必须掌握的。否则，就无法在工作中体现快、省、好的目标。

（3）图书的订购工作　订购工作包括两项主要工作，即订发购书单的工作和催寄订购书的工作。要达到既迅速而又准确的要求，才能及时取得所订的图书。

图书订购单是依据"采购片"而制订的，在发出订单之前一定还要与查检过的"采购片"检对一遍。订书单应复制几份呢？最少应有两份，一份寄给订书的对方，一份留馆内存档备查。此外，还再需要不需要复本订书单呢？那是要依据具体情况来决定。有些大型图书馆在正副份订书单外，同时还在添制几份复本以作下列用途：馆长检查采购计划执行情况用，会计处记帐用，采购部检查计划执行情况用（上举的一份放在书店档内），以及作为图书登录、分编、加工、送库的交换凭证单用等，除此以外还可以利用订购单的复份去达到其它的检查目的：如检查科学研究资料采购情况，教学用书购置情况，某某服务单位图书购买情况等等。如果这样做,那就要把订购单内所开的内容与查检目的相适应了。

订购书单寄出后,并不意味着这就结束了所有的订购手续以后只是等待书店寄书了,而是应该经常地去检查"订购片"目录中有无过期不来的图书,以便及时向书店催。只有积极地进行询查工作,才能迅速地取得图书、提高采购工作效率。

(4)图书的验收工作 这是采购图书的最后一个工段,如果寄来的图书发生差错了,就一定要立即把它纠正或调整好。有些图书馆因为忽视图书采购记录的工作,订购不留底帐或订单复份,因此书来了就没有办法来对自己的帐,自己只好来了什么就收什么。多寄、少寄,误寄或不寄的情况是常常存在的。最突出的例子如一种多卷集有了好几套,但是每一套都不完整,而且各卷的复本份数又彼此不同,真是支离破碎,像这样为人民服务的采购工作态度是极不正确的。

图书验收工作这一问题在讲图书登录时还会接触到,现在只扼要说明图书验收工作的手续如下:第一,将到馆的书与寄来的发票相核对;第二,再将查对过的发票与图书馆的订书单对一对;第三,抽出"订购片"来与收到的图书再三对一下。

图书通过经手人和验收人在发票上签证后,随即要依序进行登录、分编、加工、送库等工作以便迅速地使图书和读者见面。验收过的发票经过图书登录后,送往会计科去付账完成报锁手续。

总之,图书采购工作质量是与选书工作和采购工作质量分不开的,不能因为采购工作方法是技术性的工作就不去重视它。如果偏重了选书工作而忽视了购书工作,那么选书的成绩就很难体现出来,只有把选书与购书工作配合起来才能真正有效地提高采购工作质量。为了使同学易于掌握采购工作全部过程,附有指示图一种以供参考。

五 怎样剔除陈旧多余图书

公共图书馆的藏图成分是时刻起变化的,一方面要经常地有系统地补充新书,以满足读者日益增长的文化要求;另一方面,要不断地撤除过时图书以免使人思想混乱;再一方面还要出让多余图书以便合理使用社会主义图书财富。关于何如选择新书,前面已经说明了,现在来谈剔除陈旧和多余图书问题。

(一)苏联图书馆撤除陈旧和多余图书的先进经验

苏联大众图书馆必须根据苏俄部长会议直属文教机关事务委员会所批准的"关于从大众图书馆撤销陈旧和多余图书的办法(一九五〇年八月十四日)的条例"而从藏书中除去陈旧和多余图书。

例如,在该条例中规定各市立、村立和儿童图书馆都不应该保存进馆以来已满十年的一切出版物,又规定了对于陈年报纸的保管制度。

同"条例"中又规定大众图书馆必须把多余的图书拨交给交换书库,由各省建立的"全省图书馆交换书库"来集中办理交换多余图书事务(详细的办法见捷尼西叶夫的"苏联大众图书馆工作"第八节页九九至一〇二页)。

(二)我国图书馆应如何撤除过时的和多余的图书

我国现在没有颁布全国统一的"撤除过时的和多余图书条例"及调配多余图书的工作方案,但各馆应该撤除陈旧图书的任务,和调配图书的工作又都是迫切的,因此各图书馆应设法建立审查过时图书和多余图书的组织和审查图书的一套工作制度,呈请文化主管机关批准后再进行工作。

关于审查过时书和多余书委员会的组织,应该由馆长领导组织对待读者服务部门、藏书保管部门、编制读者目录部门以及采购图书、杂志部门成员来参加。从采购书刊、组织书刊、宣传书刊三方面来审查过时的和多余的图书,以便发挥集体智慧,作出正确的决定。必要时,还应征求馆外专家的意见,这样才能更慎重地处理过时的和多余书刊。

应该订出一套审查图书的工作制度,即如何组织,如何分工,需要什么样的文据,以及经过那些审核批准手续之后才能进行图书的注销和交换。特别重要的是应该首先订出一套审查标准,然后进行工作才有依据。下面就简单地谈一谈审查标准问题。

审查过时书籍的标准应以书籍的现实性和科学价值为依据。对于那些在政治和科学方面已经过时了的图书就应从公共图书馆的藏书中,从省市级大型图书馆的辅助藏书中剔除出去;对于那些全无使用、交换和保存价值的图书,应该当作废品予以剔除。

审查书籍是否过时究竟应从何着手呢? 可从以下几方面来研究。

(1)从刊物的类型方面来检查图书。对于大众通俗读物如时事宣传的小册子,各种教科书和技术规格等等应特别注意它们的时效性;(2)从图书内容方面来审查图书。应特别注意政治理论书籍,法律参考书籍和国防书籍的现实性,以及自然科学和生产技术书籍的科学价值;(3)从图书使用方面来审查过时的书籍。对于多年不流通的图书,以及读者借出的过时书籍,都应立即予以审查。

至于那些观点错误和思想反动的图书的审查标准的制定方法应根据中央文化部 1956 年的指示原则去办理,同时还要注意贯彻"百家争鸣",自由研究的方针。但一定要把显著反动书刊及黄色小说抽出提存,不过提存图书的范围不应太广泛,如"五四"以前的线装书基本上就可以不审查。可将藏书分为一般阅览及批判和内部参考图书。后二类图书可以根据具体情况借给科学研究工作者参考,但不宜对一般读者开放。此外,在大型图书馆内读者目录中的图书选择标准也应酌量放宽,不能限制过严。

所谓多余图书指的是本馆不需要而适合于其他图书馆使用的刊物,例如:未经审查和多年不用的书籍,超过需要的复本书刊以及专门图书馆所藏与专业无关的全部图书。换句话说,凡是与图书馆性质、任务、专业不相符的图书和复本过多的书刊,不能使用的书刊和不宜使用的书刊都是属于多余图书的范围。这些书刊应该全拿出来合理使用,发挥它们的潜在力量。

处理多余书刊的方法是:首先经过"图书审查委员会"的慎重审查,避免把需要的图书当作无用的图书去处理,要特别注意保证特藏图书的完整和考虑将来需要的可能性。经过慎重审查的多余图书在呈请上级领导机关批准后,即可移交统一机关去合理调拨或者通过集中交换方式去进行配备。现在我国大型公共图书馆及高等院校图书馆对于积压图书都已开始和积极地进行清理工作了。从此全国藏书分布不妥当的情况一定会逐渐地得到解决。

图书采购工作程序指示图

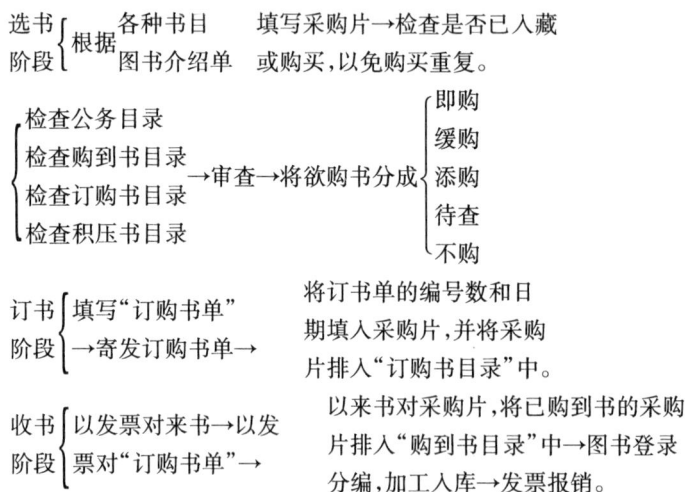

选书阶段 { 根据 各种书目 图书介绍单 } 填写采购片→检查是否已入藏或购买,以免购买重复。

{ 检查公务目录 检查购到书目录 检查订购书目录 检查积压书目录 } →审查→将欲购书分成 { 即购 缓购 添购 待查 不购 }

订书阶段 { 填写"订购书单" →寄发订购书单→ } 将订书单的编号数和日期填入采购片,并将采购片排入"订购书目录"中。

收书阶段 { 以发票对来书→以发票对"订购书单"→ } 以来书对采购片,将已购到书的采购片排入"购到书目录"中→图书登录分编,加工入库→发票报销。

采购片正面(图一)

书名			
著者			
出版处	出版年		版本
册数	部数	每部册数	装订
介绍人	审查人	即购_ 缓购_ 添购_ 待查_ 不购_	
订购处	订购期		订购单号
收到日期	发票号	书款帐名	申请报销号
目录号(总括)	登录号(个别)		登录日期
书码　　送编日期	○		备注

采购片反面　　(图二)

分配单位和移动情况					
分配单位	部数	登录号(个别)	拨交日期	签收	移动情况
总书库					
阅览室					
借书处					
分　馆					
儿童分馆					
图书流通站					
		○			

期刊采购片正面 （图三）

刊名　　　　　　　　　　　　　　　年　　期数　　　　　（刊）

年＼月	卷	1	2	3	4	5	6	7	8	9	10	11	12

反面

出版处	来源	订购期限 续订期限	卷期起讫	份数	册数	单价	总价	凭证	订购日期

分配单位		配送方法		备注	

期刊拨交片(正面)反面省头两行(图四)

期刊名称				
分配单位				
拨交日期	卷数 年代	期数	签　收	备　注

72

第七章　各类型图书馆图书采购特点

　　各类型图书馆在图书采购工作上有它的共同点，也有它的特点。其特点产生原因是由于各类型图书馆的性质、方针、工作内容、工作条件，以及读者对象等因素不同而决定的。这些特点常常具体地反映在藏书成分和工作方法上。

　　图书馆如果能根据本馆采购工作的特点去进行工作，那么工作内容和工作方法就容易具体化，采购工作也更容易接近客观的实际需要。反之，采购工作就会盲目进行，其效果是不难想象的。由此可见，掌握本馆的采购工作特点是提高采购工作质量的重要关键。

第一节　县级公共图书馆藏书采购的特点

（一）藏书成分的特点

　　就县级公共图书馆藏书成分来说，它的特点表现在四方面：

　　第一，它的藏书内容是综合性的，应该具备各门类知识图书方能满足各种读者对象的需要。这与专门图书馆重点搜集某一方面的专业书籍，并为一定的专家读者服务不同；

　　第二，在每门类藏书中只采集必要的基本的图书。与省市级大型图书馆采选各门类的大部分的书籍有所区别；

第三，它的藏书，以现实性的书籍为主，尤其要大量采购通俗读物供应农村读者。按文化部的指示，县立图书馆至少应有六千册通俗书籍。除适当供应当地知识分子一些必要的专门图书以及一些地方文献外，不应搜集太多专门的科学研究参考资料，更要少买外文图书。这一点又与专门图书馆及省市级大型图书馆藏书成分不同。

除以上特征外，县级公共图书馆的藏书既要面向全县，又要配合地方特点（地方国民经济及民族成分）；既要为城郊居民和乡村农民服务而采选图书，也要为地方经济服务而采集工矿农业技术的通俗读物，并收集少数民族语言图书，以满足当地少数民族的阅读图书的需要。

在全国公共图书馆的远景规划和各种工作指标尚未颁布以前，各县图书馆应首先根据本省文化局对县图书馆规定的一般任务，结合本馆的具体任务和各种工作条件，考虑当地的文化情况和地方特点来制订藏书采购原则，采购标准和计划，并根据这些去选购图书和收集散失在民间的古书文献。特别需要注意的是要与本地其他图书馆（室）在图书采购上分工合作，以贯彻勤俭办馆的原则。

（二）采购工作方法上的特点

（1）县级公共图书馆须要依靠社会力量帮助选书。固然县图书馆的藏书成分不太复杂，采选图书既不求博，也不要专，但县图书馆的经费不多，买一本书就要起一定的作用，如果买错了一种书或买多了复本对县图书馆来说就是损失。因此县图书馆所采购的图书必须要选得精而合用。但是县图书馆的人力有限，那就必须利用社会力量才能做好图书采购工作。苏联有州图书供应处帮助区立和村立图书馆采选图书。在我国公共图书馆网没有建立以前,当然还没有条件去创办苏联式的图书馆图供应处来帮助县图书馆选书,因此,织组社会力量争取当地图书馆或省图书馆协助选书,紧密地与新华书店联系,都是搞好县图书馆采购图书的必要条件。

(2)县图书馆采购图书时,要依据标准书目挑选图书。苏联国家文化教育书籍出版局出版的"区图书馆标准目录""村立图书馆和集体农庄图书馆推荐目录"等等都是公共图书馆补充书籍时最重要的参考工具。我国青年团中央宣传部和新华书店总店编选了一本"农村通俗读物目录",其中包括政治、互助合作运动、科学技术、文艺、连环画等五百多本图书,给我国农村图书室,文化馆(站)图书室,市立图书馆等在为农村青年补充图书工作上以莫大的帮助。此外,文化部社会文化事业管理局也建议文化馆主管部门考虑编制"文化馆基本藏书目录"。这两个例子都反映了小型公共图书馆在采购工作方法上的特点,就是要善于利用"标准书目"来采购图书,才能提高工作的质量。

第二节 省立图书馆藏书采购的特点

(一)藏书成分的特点

主要的特点表现在四方面:

第一,藏书成分必须具有普及性的大众读物和为科学研究服务的书刊资料。因为省立图书馆同时担任着大众图书馆和科学图书馆的双重工作,因此,它就必须完成两项基本任务:既要为科学研究服务,又要为普及文化教育的工作服务。具体来说,它采购的图书不仅要满足本省市的专家、学者和大学生等高级知识分子的需要,也要适应本区域党政机关和经济企业组织的需要,并还要照顾到本省广大工、农、兵群众的需要。

第二,藏书内容既要有全国性的重点图书,还要有该馆自己的重点图书。这就要密切地照顾全省的需要,要结合本省的经济特点和文化条件并配合全区内各类型图书馆藏书之不足。因为省立图书馆是全省的中心图书馆,它有责任以馆际互借或复制图书方式,利用自己的藏书来满足本省读者的要求。

第三,除建立基本藏书外,还应注意发展特藏图书,为地方文献及地方出版刊物等特藏,以应本地区的特殊需要。

第四,图书中还应收集图书馆学,目录学以及省图书馆工作发展的资料,以便对本省各图书馆进行业务辅导。

(二)采购工作方法上的特点

第一,它的补充来源是多方面的。除采购大部分国内出版物和全部本省市出版的刊物及地方文献资料外,还要采选少量的外文书刊,并要从旧书店和散失各处的图书中搜集必要的历史遗产和科学参考图书,此外还要接收本省赠送的出版品,接收本省各馆多余的图书,交换各馆出版的刊物以及复本图书等等。此外,对于本馆的积压书刊尤其不能忽视,这是书刊最近便的来源。省立图书馆搜集图书的来源既有这许多方面,因而补充工作就比县图书馆的方法复杂多了。

第二,选书工作在馆内应有适当的分工和合作。既要发挥本馆工作人员的潜力,还要争取社会力量的帮助,尤其是专家们的意见。最好采取图书委员会的形式,以提高采购工作的质量。

第三,在采购科学研究书刊上,要努力使三大系统的图书馆作到有重点的分工合作,避免不必要的重复浪费。

第三节　儿童图书馆、工会图书馆、农村图书室藏书采购的特点

(一)儿童图书馆藏书成分

应包括各种画册、童话、故事等,各方面的少年儿童读物,以便向少年儿童进行共产主义教育。儿童图书馆应根据各种不同年龄的儿童群选购图书,因为不同年龄儿童有不同的阅读水平,也有不同的读书兴趣。不懂得儿童年龄上的特点是选不好图书的。此外,还应有一小部分的"过渡书",即成人用书,以便培养高年龄儿童的阅读能力。再应备有若干关于儿童教育学,心理学方面的书籍,以备馆员、儿童教师、及辅导员的参考。此外,还应搜集有关儿童图书馆和学校图书馆业务方面的书籍,以便对区域内的中、小学图书馆进行业务辅导时参考。

儿童图书馆的选书方法:首先应与辅导员、儿童教师、儿童读者中的积极分子紧密联系,组织选书委员会来采选最优良的图书,以便达到培养儿童的共产主义道德新品质和巩固儿童课堂学习的目的。其次,应利用教学大纲开列的课外阅读书籍书目以及辅导员和教师在少年儿童刊物中发表的推荐书目,并参考少年儿童出版社、中国青年出版社所编印的书目来挑选图书。

(二)工会图书馆的藏书采购

工作应参考 1955 年 8 月发表的"中华全国总工会关于图书馆工作的规定"来采购图书。现将其中关于图书采购的七条规定摘录如下:

(1)工会图书馆采购图书应以适合大多数职工需要的通俗的、内容正确的、而且富有教育意义的图书为主。

（2）工会图书馆必须购入：通俗的政治书籍，指导工人操作技能的生产技术书籍和介绍先进生产经验的书籍，普及科学知识和卫生常识的书籍，以及有教育意义的文艺作品。古典文学作品则应根据读者的喜好和接受程度适当选购。

（3）为照顾文化水平较高的工人和职员，工会图书馆亦应视经费条件购入必要的内容较深的政治理论书籍和科学技术书籍。

（4）工会图书馆应结合国家和本单位的中心工作，生产情况以及职工各项学习来采购图书。并应根据文化水平较低的职工的需要采购连环图画。

（5）工会图书馆应根据实际需要适当地购入儿童读物以供职工子弟阅读。

（6）凡是有教育意义的、实用的、而又为多数职工喜爱的好书可采购复本，但不可过多。文艺书籍一般不得超过十部，政治、科学、技术书籍一般不超过五部。

（7）各工会图书馆应将购书经费合理使用，其比例一般可参考如下标准：报纸杂志费最多不超过百分之三十（较大基层根据实际需要减少），文艺书籍（包括连环画）占百分之五十，政治科学、技术和工会业务书籍费占百分之二十。

此外，全国总工会还根据一九五五年第三季度全国出版情况拟定了"工会图书馆订阅报纸、杂志参考标准"，可供各地工会图书馆参考使用。详细原文见"图书馆工作"一九五五年第五期。

工会图书馆采购图书的方法：首先应通过读者座谈会，读书小组，读者意见簿等等方法广泛征求职工读者对买书的意见，再由图书馆负责干部向工会委员会每月提出购书计划，经批准后再行采购。此外，并应与当地公共图书馆和文化馆联系，建立图书流动站或馆际借书关系，以补救工会图书馆藏书的不足。

(三)农村图书室采购图书的特点

农村图书馆采购工作者首先掌握为群众服务,为生产服务和为政治服务的原则,并应结合农业生产合作社的全面规划而制订采购图书计划。在书刊内容方面要结合当地的生产特点,群众的文化水平以及经费条件等。在采购图书时应首先照顾农村青年、干部、妇女和儿童的需要,其次适当照顾农村的知识分子。因此,采购的图书即应以通俗读物,连环画和图片宣传画为主。特别应该注意选购本地区出版社出版的刊物,以便更好地结合本地区的情况来满足读者的需要。

采购图书的主要内容应包括党和政府有关农业生产的指示文件和毛主席的著作原文,以及解释它们的通俗政治读物;有关宣传农业合作化的图书;有关农业技术和本地农业先进经验的图书;农民学文化的图书和文艺作品等。杂志报纸应选购本省或本地的为农民出版的刊物,以及向全国农村青年推荐的期刊。

通俗读物的种类要多,复本要少,因为通俗读物的篇幅不多,容易读完,如果多买复本,不免就要积压。

采购图书的主要方法应争取县图书馆或县文化馆的帮助,并与新华书店紧密联系,订立买书合同,以保证及时买到新书。如有条件,也可以发动群众捐赠图书,这也是支援新建农村图书室藏书和发展藏书的一个重要来源。

第四节 国立公共图书馆藏书采购的特点

国立公共图书馆是在国家最高文化教育管理机关直接领导下的图书馆。在公共图书馆网中居于主导地位。它的藏书在数量上应是全国最大的,在种类上应是尽可能完备的。因此,在藏书采购方面就具有许多其它图书馆所没有的特点。

首先它是国家书库。这就是说，它是保存全国全部出版物的地方。在这方面应该力求完备，应该尽可能搜集国内过去和现在的一切出版物。这就是说，它的藏书采购是全面性的完备性的。此外，它还应该收藏善本、手稿、外文书刊以及图书馆学和目录学方面的书籍。

它以图书服务于全国居民。它直接为来馆的各式各样读者，其中包括科学研究工作者、国家机关工作人员、高等学校的教师、工业农业部门的专家以及一般的青少年、儿童们开辟各种不同的阅览室和借书处，并通过馆际互借以及对其它图书馆进行业务辅导来为全国范围的读者服务。因此，它的藏书必须是综合性的，并具有各种不同程度的图书。它以种种措施来满足读者多式多样的需要。

当然也有专科性质的国立公共图书馆。对这些图书馆来说，它的藏书不是综合一切知识部门的，而是在一定的知识部门内最完备最充分的收藏图书。

国立公共图书馆还编制着各式各种的专题目录，推荐目录，标准目录等等以供各种不同的读者之用。

国立公共图书馆的藏书采购必须符合于它的工作内容和具体任务上的种种特点。

我国的国立公共图书馆目前是北京图书馆，它的藏书是全国图书馆中藏书最多的、最博的、也是最精的。在不久的将来，它可能成为世界上最大的图书馆之一。

北京图书馆藏书的来源有下列几种：(1)各出版社依法缴送的缴送样本；(2)本馆采购的古今图书；(3)国家拨发的各种图书；(4)各机关和私人捐赠的图书；(5)和其它图书馆交换的图书。

北京图书馆还收集各种外文图书。除了上面所说的几个来源之外，还通过国际图书交换工作而获得大量图书。

北京图书馆还收藏各个时代出版的善本书,包括罕见的革命文献。除了经过通常采购手续或由政府拨发的善本书以外,还有私人赠送的和设法征集来的许多善本书。北京图书馆是世界著名的收藏善本最多的图书馆之一。

北京图书馆还收藏显微图书影片。这批书的内容都是世界上难得、极少见的书籍,用摄影方法复制成照相胶卷的。它们供给科学研究工作者以最珍贵的资料。

北京图书馆还收藏着许多少数民族语文的图书。

北京图书馆也收藏极其丰富的金石拓片和古今各种地图。这些拓片和地图主要是提供着极丰富的历史、地理,以及其它社会科学方面的研究资料。

所有这些各种各样的藏书都以极大速度在继续增长着。

由此可见,国立公共图书馆藏书采购的范围是极其广阔的,从而它的制度、手续、方法等等也就要求比一般公共图书馆来得更加严密而复杂。

国立公共图书馆的采购首先必须有详密的计划。而在制定计划之前,必须对本馆藏书情况,出版发行情况和读者情况要有深刻而周到的了解。它不仅要注意到全国性的出版情况,也要留心各地方的出版情况,因为有些地方性出版物对于国立图书馆来说也是很重要的。例如地方文献目录,地方杂志等等。

国立公共图书馆的采购必须照顾到多方面的需要。不能只为一定范畴的读者服务。但对于通俗图书是不必给予很大比重的。而对于研究著作,特别是成套的科学杂志是应该力求其完备的。

由于国立公共图书馆采购范围广泛,它的工作干部一定为数不少,因此,工作组织,业务分工就显得更重要。不然的话,是会减低工作效率的。采购工作必须的书目以及各种采购记录也必力求其完备丰富。这一切,在一般公共图书馆中是没有这种多样化、复杂化的。

第五节　科学图书馆和专门图书馆藏书采购的特点

科学和专门图书馆的藏书与一般图书馆的藏书不同之点有三:(1)藏书为专业服务,(2)藏书为专业工作人员服务,(3)藏书为专业图书馆网内的图书馆服务。因而在藏书成分上就有了显著的差异。

(一)藏书成分上的特点有三

第一,除科学院图书馆总馆的藏书是综合性的外,其余的科学和专门图书馆的藏书内容一般都不是综合性的,而是以收藏专业书刊和专业有关书刊为主。除专业书刊外,还应具备马列主义经典著作。斯大林教导我们"……有一个科学部门,则是一切科学部门的布尔塞维克所必须知道的,这就是马克思主义——列宁主义"。所以专门图书馆的藏书就必须具备马克思列宁主义经典著作才能帮助科学部门的干部精通社会发展规律,成为国家各项建设的积极参加者。除经典著作之外,藏书的基本部分应有十分充足的专业书刊。如果专业书刊不健全,专业特点不突出,那样的藏书当然就不会起很好的作用。如果把专业书刊的范围看得太狭隘,而仅仅搜集与专业直接有关的材料而忽视专业相关的必需图书,这样的藏书同样地也不会发挥很好作用的。由此可见,专门图书馆藏书的主要内容既须有专业特性的书刊,还须要有专业相关的书刊而更要有马列主义经典著作。具备了这三类图书,才能符合专门图书馆图书采购的一个特点。

第二,藏书要现实,要完整。这就是说专业性的书刊既要新,又要全。因为科学研究工作者必须经常掌握科学中的最现实的问题及科学技术上最新的发现和成就,才能丰富自己的科学研究内容,提高自己的工作效率。否则,工作就会落在后面或者重复工作,或者多走弯路,浪费时间、人力和物力。但是专门图书馆也不能只顾藏书的现实性而不注意到藏书的完备性,那样组织的藏书也是有缺点的。所谓专业书刊的完备性指的是:最新的科学书刊固然要收,古典的科学著作也要搜集;中国的科学著作要全部入藏,苏联以及各人民民主国家的科学参考资料也要尽量补充,甚至资本主义国家的科技刊物也要有批判地去采选;不仅书籍和期刊要收藏,特种图书资料以及各类型的图书也都要具备。总起来说,凡是有参考研究价值的著作,不论古今中外图书,也不论是哪种图书形式和图书类型,凡是必需入藏的,就要有计划地去采购。只有这样,才能全面地、完备地充实藏书的内容,以满足科学研究的需要。

第三,藏书中研究资料及外文书刊的重要性。

凡是最新的科学研究成果,都是首先在杂志上科学技术报告内,国际科学会议文件中以及其他各种参考资料上发表的,因此,专门图书馆对于期刊和图书资料的搜藏就须要给予特别的重视。如果按图书形式来说,书籍、期刊与特种图书资料成为鼎足而三的情况,其中新出的外文科学期刊和过期成套的外文科学杂志,更为不可缺少的材料。

概括的说,科学和专门图书馆图书采购特点就在于:

(1)藏书应以马列主义书籍,专业性的书刊,以及与专业相关的必要书刊为主。

(2)藏书的内容要现实,要完备。

(3)期刊和特种图书、资料是藏书中特别重要的组成部分。

(二)采购工作方法上的特点

第一,要有购书委员会。科学和专门图书馆的服务对象比较单纯,文化水平以及对图书需要也大致相同,因而选购图书就无须像公共图书馆那样的要按照读者需求的多样性以及各种不同的阅读程度。这是专门图书馆比较公共图书馆容易选书的一点。但是,凡是科学和专门图书馆所要入藏的图书,性质都是很专门的,馆员一般不易熟悉,非精通专业的人选不好书。因而,专门图书馆的主要选书人不是馆员,而是该机关的科学技术研究人员或者是科学和专门图书馆网内的中心图书馆。这是科学和专门图书馆采购图书上比较困难的地方,要克服这样的困难,就要建立一个购书委员会,帮助图书馆选购图书。这个委员会,应由该机关的研究工作部门代表与馆方人员共同组成,处理以下的一些重要采购工作任务:

规定采购图书原则和标准,审核采购图书计划以及重要书刊的补充等等问题,以便在集体领导和集中采购的基础上达到统筹兼顾、精简节约和提高工作质量的目的。

第二,馆员在采购工作上应该积极争取主动。购书委员会固然在颇大程度上可以帮助图书馆来选购书刊,但是图书馆员还应该积极争取主动才能把采购工作做得更好。怎样争取主动呢？首先,馆员要培养专业的基础知识,并掌握必要的外文阅读能力,这是争取工作主动的基本条件。其次,应该经常地利用专门的书目参考工具去研究藏书,调查缺书,并联系研究工作人员的图书需要,以便购书委员会或读者介绍新书。总之,一般图书馆员的科学专业知识是不可能与科学技术研究人员相提并论的,这是客观事实,不容否认;但另一方面,图书馆员有优先的机会去研究书目参考工具,有更多机会研究全馆的藏书情况和读者需要图书的缓急。专门图书馆的采购工作同志应该充分利用这些有利条件,尽量克服自己工作中的困难,充分发挥潜在能力,这是搞好科学和专门图书馆图书采购的关键。

第三,要利用交换图书和复制图书方法节省国家资金。上面已经说过,专门图书馆的外文期刊和特种图书资料是图书成分中

84

的重点。但是,外文期刊,尤其是过期的成套杂志,价钱最贵而且也不易求全。为了节约国家的大量外汇和贯彻勤俭办馆的精神,科学和专门图书馆应该通过中国科学院北京总馆或本系统的中心图书馆去与国外科学机关建立交换新旧书刊的关系,这是节约方法的第一要点。

其次,应该积极利用各种复制图书方法:如参加外文的影印工作或复制短文的照片等,以免用高价去购买不必要的书刊,这是节约方法的第二要点。

其它如开展馆际互借工作,编制联合期刊目录,专题书目以及新书通讯;在统一的科学研究计划领导下建立馆际买书合作关系等,这些工作如果能很好地开展起来,就可以减少图书采购上的抢购、重购和平行购置的缺点,从而达到为国家节省资金的目的。

总起来说,专门图书馆藏书补充工作方法的特点是:

(1)要借助于购书委员会来选购图书;

(2)馆员要争取工作主动,提高采购图书工作质量;

(3)要利用交换书刊、复制书刊和馆际合作等方法贯彻全面节约的精神。

第六节　高等学校图书馆藏书采购的特点

高等学校图书馆,尤其是单科性院校的图书馆,它的图书采购特点,有很多地方与上面所说的科学和专门图书馆相近。后者的重点是为了配合科学研究为专家服务,前者的主要任务是既为教学服务,又为科学研究服务,这是它们的主要区别。因此两者在藏书成分上以及采购工作方法上既有共同之处,也有相异之处。

（一）高等学校图书馆藏书成分的特点

一般说来,高等学校图书馆的藏书,依据各学校的方针任务,可以划分成两大类:

第一类藏书是教科书和教学参考资料。此类书不仅是数量大而且复本也比较多,这一种特殊现象在省立图书馆和专门图书馆中都是不存在的。

第二类藏书是科学研究资料。它的特征是与各系的专业性质和它的教学工作范围紧密结合的,科学和专门图书馆的科学研究资料是以收集专业范围内的,最主要和最基本的科学技术理论问题以及生产建设和文化建设实践中的有关问题的资料的主要目标;而省立图书馆的科学研究资料范围则以结合地方特点为主。虽然三类型图书馆都藏有科学研究资料,但由于图书资料所应起的作用各不相同,所以在入藏范围上,图书资料种类上就有了或多或少的区别。高等学校图书馆藏书除上列两大类图书外,还藏有相当数量的一般的课外阅读用书,以配合教学,并提高全校师生的政治、科学和文化水平。例如:一般的政治和时事政策学习材料,一般的文艺书刊,一般文化书籍和工具书,参考书等。

（二）高等学校图书馆图书采购工作方法的特点

第一,应建立总馆藏书,学系藏书以及学系资料室藏书的正确组织关系,以便全面地有计划地采购全校图书。总馆必须掌握系科图书室和资料室的藏书情况,领导各系科图书室的图书管理工作,灵活调动系科图书室的藏书,并且参加制定各系科图书室和资料室的图书采购方针,组织系科编制图书采购计划。只有在这些条件都具备的时候才能把全校的图书采购工作集中起来。否则,不仅各系科的图书室和资料室会发展成为独立的专业图书馆或小型综合性的图书馆,甚至教研室也要分化为小的分馆了。把图书彼此孤立起来,拒绝统一调用,这样做的结果必然会导致大量图书的重复现象。总之高等学校图书馆图书采购的关键问题,首先就是要正确地把总馆与系科图书室和资料室的藏书组织关系正确地建立起来,这是它们采购工作上的第一个特点。

第二,应组织图书馆委员会,负责审议图书馆的采购计划,以便推动和改进图书采购工作。除全校的图书馆委员会外,在各系科外还应有图书选购组织,由系科主任领导,把系科的选购图书组织与全校性的图书馆委员会从制度上结合起来,就可以产生分层负责、发挥集体智慧的作用。以上是做好高等学校图书馆图书采购工作的第二个特点。

第三,应集中采购书刊、统一掌握图书购置,才能节省大量人力物力财力,其原因在于:

(1)需要图书的单位较多,如果各自分散去买容易重复,反而浪费人力物力和时间。

(2)购书经费复杂,如图书购置费,科学研究图书购置,资料费等若不归图书馆统一掌握,就很难有效地去利用这些图书经费。

(3)订阅外文书刊,订购资本主义国家刊物书价很贵,若不集中办理,更易造成大量外汇的浪费。

(4)集中补充图书能为保证全校图书完整创造条件。

第四,分配书款,加强采购图书财务计划。高等学校的系科是那么多,经费又那么复杂,如果不把各种图书经费的用途规定下来,采购工作就必然要发生混乱。如果不把图书购置费作出适当的分配,采购图书的计划也会难于掌握。怎样分配书款呢?现在的通行办法大致如下:

先由总经费中拨出一部分书款,专为下列用途:

(1)总馆采购一般用书;

(2)调剂各系购书;

(3)资助全校性大课所用的参考书;

（4）有计划地发展特藏图书；

（5）购买特别珍贵的书等等。

再从总经费中划出另一部分的书款分配给各系科去选择图书。总之，高等学校的图书经费一定要先作出适当分配，然后管理图书经费时才能心中有数。最好由各校的图书馆委员会结合全校图书需要的情况，适当地作出分配书款的规定，以便达到合理使用图书经费的目的。

第五，应根据具体情况，拟定教科书及教学参考书的复本购置办法，以便防止浪费。前面已经说过教科书及教材是高等学校图书馆藏书的重要组成部分之一。如果教学用书的复本数目买的适当，就不致影响其它必要图书的购置，并能发挥图书经费的作用，这是决定高等学校图书馆采购工作好坏的一个主要问题。

目前，我国各高等学校图书馆都拟有采购课本及教学参考书的标准，其办法基本上还是以学生数目来做采购复本的标准，同时根据学生数目递增的比例数字，购置复本的数字相对地减少，以防止买书过多的缺点。

此外，在实际工作中还应根据具体情况，如图书的使用情况，供应情况，图书价钱的高低以及学生负担能力等因素灵活地掌握教材复本的补充，以求达到既不浪费资金，又能很好地完成为教学服务的任务。

为了减少教材复本的购置，图书馆除了规定复本率外，还可以采用下列措施，如：组织学生集体借阅；编印教学参考材料汇编；请教师组织学生拟定个人的阅读计划；鼓励学生自购教科书或出让用过的教科书等办法。

总之，教材复本问题是高等学校图书馆采购工作的重点，也是采购工作的特点。

第六，应展开交换书刊工作，建立馆际购买外文书刊合作关系，以及利用图书复制的办法，以节省图书经费。高等学校图书馆采购工作上这些节省经费的办法,基本上与科学和专门图书馆的情况相同。

综合起来看,高等学校图书馆采购工作方法上的特点共有六点;前五点大体上与科学和专门图书馆的特点相仿,但最后一点,即教材复本问题则是高等学校图书补充工作上的最突出问题,应该特别予以注意。

第八章　图书馆藏书组织

第一节　图书馆藏书组织的意义

前面七章讲解了图书馆的图书采购,以下五章将研究图书馆的藏书组织。

一、藏书组织的具体内容

可从两方来讲:就广义说,它包括各种藏书的组织方法,藏书的登录,藏书的分类编目和目录制度,藏书的加工,藏书的排列,以及藏书的保管和清点等等工作;就狭义谈,它指的是各种藏书组织方法,也就是本章的主要内容,研究如何把图书馆的全部藏书,合理地划分成若干有机联系的"个别藏书"(单独书库藏书),而且组织成一个完整的、统一的系统。

二、藏书组织的意义

从总的讲,意味着将收到的图书准备好以供读者利用,同时也意味着将收到的图书当作社会主义财产来保管。只有把藏书组织得合理,那才能迅速地、全面地满足读者的需要,充分地、灵活地发挥藏书的作用,有效地保证藏书的完整和全面地贯彻精简节约精神。换言之,图书馆的藏书组织工作的好坏,对于图书馆整个工作的质量都具有很重要的意义。

如果只从组织图书馆的藏书谈,那就意味着把收集来的全部图书(总馆的基本藏书)分配开来交与个别的读者服务部门(借书处、阅览室、系图书室、善本书室等)组成分别管理的辅助藏书或特藏图书(专门藏书)。如果藏书组织得合理,既能使藏书更为接近读者,方便他们的借阅;又能使馆员更容易熟悉数量较少的藏书和他所直接服务的各类读者群,从而保证读者服务工作质量的提高,藏书保管工作效率的加强;另外基本藏书可以同时得到多方面的利用,充分发挥图书馆藏书的作用。

但是,如果把藏书划分不合理,不顾图书馆工作条件和实际的需要把"个别藏书"分得太多,不仅增加复本图书,而且要配备更多的工作人员,甚而会使藏书使用上发生一些困难。

总之,合理组织图书馆藏书对于满足读者要求,对于藏书的有效利用,以及对于保证藏书的完整都有着重要意义。

第二节　藏书组织的原则

一、藏书组织工作的一般原则

克鲁帕斯卡娅在她的"图书馆工作任务"一文中曾说过:"要能在短期间掌握住图书财富,分配它们,实实在在的运用它们,这样一种作业才是需要的"。她的这个指示可以作为图书馆藏书组织工作的总指导原则。如果再把这一原则更具体化一下,那就是所有的各种藏书组织工作都要符合以下的标准:(1)藏书组织工作方法要有科学的根据,而且达到高度水平;(2)要照顾到现实条件,创造出切实可行、简明易懂的方法。并且节省时间、人力和物力;(3)这样的藏书组织工作方法,还要能够准确而迅速地为读者服务,以保障读者的利益。

过分强调"正规化"或者强求"标准化"而不结合具体情况的生搬硬套的藏书组织工作方法固然不正确,但是一味追求"简单化"的工作方式,只顾解决目前问题,专为本部门的工作方便而不管将来的需要不考虑整体工作的利益,和读者服务工作的质量,那种处理藏书组织的工作方法,同样也是不正确的。

二、划分藏书的原则

上面所说的是藏书组织工作的一般原则,以下再进一步谈谈组织图书馆全部藏书的一些主要原则。

(一)根据图书馆的类型和它的任务,组织机构,规模大小,工作条件等等因素来划分藏书。图书馆藏书系统,首先要看图书馆类型、任务和组织机构,适当地分设为若干藏书部门。一般地讲,藏书书库的组织是与各类型图书馆对待读者服务组织机构相一致的,也就是说图书馆的为读者服务的制度决定着它的藏书结构。例如:省市级图书馆对待读者工作组织一般地分为四个部门,即图书外借处、普通阅览室、儿童部和图书流动站工作组,因而这四个部门常常都备有单独藏书。又如高等学校图书馆,除在总馆有基本藏书(总书库藏书)外,在各阅览室,借书处,各学系图书室也都设有个别藏书。如果图书馆的任务调整了,象省图书馆把它的图书流动站工作过渡到市馆去后,省馆就无须再组织图书流动站藏书了;另一方面,如果省市馆有了新的任务,如加强为科学研究服务和为地方经济建设服务,那么,在它们的藏书组织系统中也就必然要区分出科技藏书和地方文献藏书来适应它们的新任务。其次,如果图书馆的规模并不大,它的藏书也不多,读者成分又不复杂,而且房舍、人力等等工作条件都不够,在那样的情况下图书馆单独藏书的设立就可以适当地减少或者把邻近藏书合并起来。例如:借书处的藏书常常可以与阅览室的藏书合用,这样的例子在小型图书馆中可以看得见,它们除了基本藏书外就无须另组织其它藏书去为读者服务；又如新建的小型高等院校图书馆,它们学校的校舍并不分散,各种工作条件也不健全,如果它们硬要为每一学系组织单独管理的藏书,那样的做法就不够正确了。

（二）根据读者成分组织藏书。图书馆应根据不同读者群对图书的需要,有分别地把各种内容的图书或者特种用途的图书,组成各种单独书库为一定的对象服务。例如:图书馆为音乐工作者,儿童读者,从总书库中调出音乐乐谱书刊和儿童读物等为音乐专家阅览室、儿童部分别组成个别藏书；又如图书馆为了满足远离本馆的工农读者对图书的需要,就组织图书流动书库来向工农供应生产技术等的通俗读物。

（三）根据藏书成分、藏书性质组织藏书。图书馆应把总书库的藏书按图书的形式分成书籍、杂志、报纸、地图、图片,显微图书影片等等几个自然组成部分,甚至可以把它们分别组成特藏图书（专门藏书）。总之,不同形式图书分别布置排放是必须的而且也是合理的,否则,一律混合排放便可能发生工作上的困难。又可以按藏书性质在基本藏书中适当地加以区分,如把善本书籍以及读者需用较少的陈旧的档案性的书刊资料与现实新书分开排放,划为单独保管的藏书。这样的处理方法才能提高组织藏书工作的效率。

（四）藏书组织系统要统一。把图书馆总书库里所集中的藏书部分地分散到各个别书库中去,并不意味着一定须要读者自己分别到各个别书库去才能充分使用图书馆的全部藏书。如果各个别书库藏书与总书库的藏书都是在统一管理条件下能够互相配合、互相补充和互相调剂,那么,读者本人就可以身不离开阅览室而能由馆员向总书库调到该处个别书库所没有入藏的图书。所以,要达到这样灵活地使用和多方使用全馆藏书的目的,其关键就在于它的藏书组织系统是否统一。

总之,图书馆划分藏书方法是应该密切地依据图书馆的类型,任务,组织机构,读者成分,藏书成分以及其它具体工作条件等因素去决定。没有一定的用途和目的,就不应随便去区分它的藏书。

图书馆的规模愈小,它的读者的成分愈单纯,它的任务愈少,其藏书分散的必要性也就愈小。反之,图书馆的规模愈大,它的读者群愈多,它的任务愈复杂,它的藏书范围愈广泛,那么,建立个别藏书必要性也就愈大了。

不论图书馆藏书组织变得怎样复杂,它必须把全部藏书组成有机联系的整体,归统一部门去管理和领导。

第三节　图书馆藏书组织法

一、图书馆藏书组织的种类

一般地说,图书馆的藏书可以划分为两大类:(一)普通藏书,其下又可复分为基本藏书(总书库藏书)与辅助藏书(辅助书库藏书);(二)特藏图书(专门藏书)。此外,大型图书馆还可再分设若干公务用的藏书,如:采购、编目、参考部门所需用的工具用书,以及复本书库和交换书库等等,所有这些藏书的特征,是它们不与读者发生直接关系。

(一)普通藏书及其特征

(1)基本藏书(总书库藏书)。它是每所图书馆的藏书基础,它的特征是:集中了大量的书籍可以调剂各个别藏书,其成分中既有最现实的书籍,也有不太实用的陈旧图书,只为满足人数较少的专家们科学研究使用,这只是对省市级以上大型图书馆,高等学校图书馆以及科学和专门图书馆的基本藏书情况而说的。至于县级以下的大众图书馆,它们的藏书只能包括现实性的,推荐性的以及为广大读者需要的书籍,凡是政治上科学上已经失去现实意义的书籍都不应该保存,而且它们除了总书库外并无须再划分个别藏书就能够顺利地为它们的读者服务了。

(2)辅助藏书。它所指的是借书处,阅览室,分馆,学系图书室以及图书流通站书库的藏书。这些藏书基本上都是属于推荐性的、现实性的,最切合实用的和为广大读者使用最多的藏书。为了更快地、更有效地为读者服务,以及为了灵活地利用全部藏书,使总书库的藏书同时得到多方面的流通,所以就把这些性质的图书从基本藏书中划分出来分别配备到辅助藏书中去。总之,辅助藏书的内容和数量主要决定于各读者服务部门的任务以及它们读者的人数,但辅助藏书,对基本藏书说来究竟是辅助性质的并不是对立性质的,所以它们的藏书数量总不宜过于庞大。对于那些辅助书库没有入藏但是有时又需要参考的图书,可以适当地组织目录去反映它们,以便调阅。

由于辅助藏书成分具有现实性的特征,所以它不仅须要经常地剔除出陈旧的和多余的图书还回总书库去,而且还要不断地补进新书,才能保证辅助藏书的质量。

更具体地说,借书处的藏书须备有较多的复本和最新的、最好的版本,以及当时迫切需要的图书。如果图书馆的规模较大、工作较多,在这种情况下,图书馆又可以根据读者群的需要把统一的借书处分成若干借书组,同时把借书处的辅助藏书也相应的区分开来以便有区别地为学生、职工、干部、科学工作者等各类读者群服务。另外,还可以根据图书形式,如外文图书,中文图书等等分别开来进行借阅。

普通阅览室藏书的内容是综合性的,以配合广泛读者的需要。凡是过于专门的书、用处不大的书和陈旧过时的书都不应无选择地包括在它的藏书范围之内。

在普通阅览藏书中还要具备各种用途的和不同水平的图书。例如:(1)马列主义经典著作;(2)党和政府的指导文件;(3)党和政府领袖的言论集;(4)时事教育政策方面的书籍;(5)各知识部门中的主要书籍,如经典著作、科学著作、各种主要问题的书籍、基本知识书籍和宣传最新成就的书籍;(6)优秀古典文学著作和近代作家的优秀作品;(7)宣传先进经验交流的图书和工农生产技术读物;(8)科学通俗读物和通俗文艺;(9)教科书和教材;(10)参考工具书和书目参考资料;(11)当年的和前一两年的报纸杂志。

普通阅览室的辅助藏书比借书处辅助藏书的复本要较少,但每种知识门类之中的图书种数要较多。此外,阅览室的藏书是不外借的,是专供室内参考的,也是供应急需的,它的这些特征都是与借书处的辅助藏书有区别的。

图书馆除了为普通阅览室组织辅助藏书外,根据它的任务和为读者服务工作的特点以及其它特殊需要,还可以为各种专业阅览室另行组织各种专业性质的及专业相近的辅助藏书;或者为几个相近的专业阅览室联合组织共同使用的辅助藏书以便达到既分散而又集中地利用藏书,藉以节省边缘图书即专业相近图书的复本数量,同时还可以防止每个专业的辅助藏书逐渐发展成为小综合性的藏书。

分馆的和图书流通站书库的辅助藏书,它的成分大致与本馆普通阅览室和借书处的辅助藏书相仿,就是要具备一切知识部门的图书和文艺图书,其区别就在于它们所服务地区的读者和它们所服务的各站、各机关企业对图书需要的不同。

(3)特藏图书。这种藏书的划分原因,在于满足一定读者的特殊需要,如为科学工作者建立科技特藏图书,以及为了符合特种图书的使用条件如善本特藏、图片特藏、舆图特藏、教科书特藏(高等学校图书馆)等等。只有对这种藏书组织有真正需要时,图书馆工作够条件时,才能设立特藏。

特藏图书的组成是比较复杂的,它包含着图书馆中所藏关于某一方面的古今中外著作,以及各种形式的图书、特种资料的图书或某一知识部门和相关知识部门的综合性藏书。特藏图书,必须有专门机构负责搜集、整理,保管和使用等的全套工作。

特藏图书常按下列特征组成:(1)按照知识部门分,如经济科学特藏书库;(2)按照图书性质和特点分,如善本特藏,舆图特藏,金石拓片特藏以及手稿特藏等;(3)按照语言文字分,如少数民族语文图书特藏,俄文图书特藏等等;(4)按照读者用途分,如少年儿童图书特藏、盲人用书特藏以及地方文献特藏,专供当地党政领导机关、经济企业和文化科学研究机构的使用。

一般说来,特藏书库中的图书是比较固定的,而辅助书库的藏书是比较流动的。

二、基本藏书与辅助藏书和特藏图书的相互关系

基本藏书是图书馆所有藏书的基础,按实际需要和具体条件,可以从基本藏书中分配出一部分的藏书去组织辅助藏书和特藏图书。另一方面,辅助藏书还要常常依靠基本藏书补添新书,必要时辅助藏书和特藏图书都可以向基本藏书去借用图书。凡辅助藏书中的陈旧的和多余的图书应该还回基本藏书。这样的组织方式,基本藏书就起了调度和调剂全馆藏书的作用,而辅助藏书也担任了辅助和配合基本藏书的任务。此外,各辅助藏书之间也要互相联系、互相补充,才更能发挥全馆藏书的作用,更好地满足读者的需要。但辅助藏书应与基本藏书之间维持相当的稳定性,不要使它流通性太大。否则,辅助书库每天都要向基本书库去借书和还书那就要把藏书组织工作变成复杂化了。

三、正确组织藏书的条件

(一)图书馆的领导应善于运用藏书组织原则结合本馆藏书长期工作规划,包括藏书发展远景,馆舍建设以及其它各种具种情况,制订全馆藏书组织计划以及藏组织制度,并组织有关业务部

门积极配合藏书组织工作。

（二）图书馆要有统一的部门和典藏部等来掌握全馆的图书财富，合理地分配和调度全馆的图书。

（三）要有正确的藏书目录制度使全馆的藏书能从多方面向读者反映。同时，要确定正确的目录体系，使读者目录与公务目录，总馆中心目录与部门藏书目录，分类目录与专门目录等等紧密地联系起来，又要防止目录种类编制过多。并要减少在各种目录中许多不必要的平行重复反映现象。如要完成这些任务，就非得实行集中编目不可。

（四）要有正确的藏书采购原则和采购范围：（1）依据藏书组织计划，结合各读者服务部门的特点，如任务和读者人数，读者需要等去决定各辅助藏书和特藏图书的采购原则和范围；（2）要经常地，优先地为借书处、阅览室等辅助藏书选购足够数量的新书，不应机械地按"各类图书补充基数表"去平均分配它们；同时，还要从辅助书中不断地把陈旧，多余的图书撤回总书库去。要完成上述的采购任务，就得有集中采购和统一掌握全馆图书经费的制度。

四、我国省市图书馆藏书组织存在的问题

（一）我国省市图书馆在藏书组织工作中存在的问题约有三种：（1）藏书组织系统不健全，缺乏一个强有力的统一领导部门去组织全馆藏书，因而就不能充分发挥藏书潜在力量；（2）很多图书馆把基本藏书与辅助藏书的关系对立起来，不能全部达到灵活运用全部藏书的目的。例如，有些图书馆把基本藏书中所有的图书都认为是保存本，因此就只能供应阅览室内读者借阅，不准借出馆外，也不让调剂各个辅助藏书。所以常常造成借书处的辅助藏书供不应求，而总书库的基本藏书供过于求的现象。另外，不仅基本藏书与辅助藏书不通往来，而各辅助藏书之间的关系同样也孤立起来不能互相协助以满足读者的需要;(3)阅览室没有把现实的和广大读者需用的图书从基本藏书中分别排放出来,因而读者的需要往往就不能很迅速地很具体地得到满足;同时馆员每次供应读者图书都要从大量藏书中寻找出来,既不能节省馆员的劳力,也不方便向读者推荐图书。

(二)我国高等学校图书馆中的藏书组织问题。总起说来,高等学校图书馆藏书组织中存在的主要问题,大约有二:

首先,总馆是否有权力以及有办法来掌握和管理全校的藏书。如果答复是肯定的话,那么它们的藏书组织问题就解决一半了。

怎样才能解决这个问题呢? 其关键就在于:(1)高等学校图书馆的方针任务要明确地规定出它要负责保管和调配全校的图书财产,然后它才有权利来掌握全校的藏书;(2)它要有组织健全的图书典藏部门,同时还要有集中采购和集中编目的制度相配合,当然更要有下面要说的藏书组织方针。只有把这样地组织起来,它才有办法来集中管理全校所有的藏书。

其次,高等学校图书馆能否制订出正确的藏书组织方针? 如果答复同样也是肯定的话,它们藏书组织问题可以说基本上有把握解决了。

怎样才能正确地制订出藏书组织方针呢? 最主要的一点,就是高等学校图书馆必须与学系紧密地合作,按照藏书组织原则,结合各校具体情况,通过互相研究和协商的办法就会订出比较合理的藏书组织方针来。

具体地说,高等学校图书馆藏书组织方针,主要是要解决它们的藏书集中分散的范围和程度问题。在这一点上现在存在着两种不同的看法:有些人采取过分强调总馆藏书的集中,忽视学系图书室藏书的设置方针,这样一来,就不能使藏书更为接近教学和科学研究工作,那是不符合高等学校图书馆的基本任务的;另外,又有些人主张藏书极端分散的方针,要无条件地为每一系科都设辅助藏书,采取这样的办法,又必然违反勤俭办校和精简节约的原则。以上两种想法都是有偏差的。

要制订出比较全面的而又现实的藏书组织方针,应考虑以下各点:

(1)应考虑各校的历史条件,凡成立较早而且又有一定基础的系图书室就不应取消它或者强要合并它;(2)应考虑各系当前的科学研究工作和教学工作对图书资料的实际需要情况,有无条件保证系图书室的藏书的完整,以及将来该系的发展远景,再决定有无设置辅助藏书的必要;(3)应考虑全校藏书的总数量和内容(包括积压的图书)是否有条件划分更多的个别藏书;(4)应考虑每年图书经费的购买力,决定可以维持辅助藏书的数目;(5)应考虑总馆分馆当前的建筑设备情况,以及将来改建,扩建,和新建馆舍的规划来全面地计划藏书组织;(6)应考虑当前校舍布置的情况,研究是否有必要添设辅助藏书。

凡是在这样的情况下:总馆和分馆建筑都小,它们的校舍很不集中,全校藏书很多,积压图书不少,每年图书经费很多,现在图书供应效率很坏,各系科学研究工作、教学工作需要图书很多很急,他们就不应该坚持总馆藏书集中,而应以总馆的藏书对最迫切需要图书的学系进行分系服务的办法,或者组织分馆(人文科学分馆、社会科学分馆、自然科学分馆等)把相近系科的专业图书集中起来共同使用、分开供阅。如果采取这样办法,既可以节省人力,物力和财力,又可以满足师生的需要,同时也是比较适合我国当前的经济条件的。

在相反的情况下,就应采取少分系科图书室藏书的方针。

总之,高等学图书馆藏书组织的集中分散问题是没有统一的解决办法的,各校应按具体情况结合需要与可能,集体地研究出合理的藏书组织方针和制度来,提高藏书组织工作的质量。

第九章　图书馆藏书登录法

第一节　图书馆藏书登录的意义和作用

图书馆藏书登录包括着全馆收进的藏书,注销的藏书,以及实存的藏书的完整记录。它不但及时地揭露着全馆藏书动态的总册数和总价值,而且具体地反映着所有收进的和注销的个别图书以及它们的历史;它又周密地与收进图书和注销图书的原始单据文证紧密地联系起来,从而保证了单据文证的完整性和正确性。由于它具备了这一特征,它就能在图书馆工作的主要环节上来保证图书馆藏书的完整,而且为提高藏书的保管和保护工作的效率指出了具体的途径。

总之,图书馆要想顺利地完成它的藏书保管任务,首先就得要重视藏书登录,然后,其它的一系列的藏书组织工作,才有可靠的依据。

图书馆藏书登录的作用可以归纳成下列几点:

（一）它为保证藏书的完整创造条件

这是图书馆藏书登录的最主要的作用。在上面所讲藏书登录意义中已涉及到这一点。现再引用捷尼西叶夫在他的"苏联大众图书馆"第三章第七节所讲的几段话来作补充。

他说:"必须记住,图书不仅是文化和教育、鼓动和宣传底工具,而且还是图书馆底资产,物质上的珍品,社会主义的财产。"

"图书馆藏书的完整,首先依靠于登录上的制定。缺乏准确的图书财产登录,在收到和撤销图书方面没有正确的证件——这就是若干图书馆中所发现的丢失图书的基本原因。"

(二)它是编制图书馆藏书采购计划的主要参考材料

由于藏书登录可以很快地帮助馆员掌握全馆藏书的动态以及各类图书入藏数量。所有这些资料都是为编制图书馆藏书采购计划的重要根据。

(三)它供给图书馆有关藏书统计报告资料

正确的藏书登录可以及时地提供全馆的藏书总数量,藏书总价值,以及某时期内入藏图书与注销图书的总计数字等等材料。

正确的藏书登录不仅保证了个别图书馆藏书统计的准确性,而且也为全国图书馆的藏书综合统计提供可靠的资料。

总之,要想把上面所举的图书馆藏书登录的各项任务都能成为现实,藏书登录工作就必须要达到以下的要求:

1.登录制度必须是健全的和有系统的。

2.藏书登录的各项记录必须是准确的。

3.藏书登录所用的各种文证表格要保证完整。

4.藏书必须是双重的登录方法,即同时采用总括登录法与个别登录法。

图书馆藏书登录与各部门工作的关系：

（一）与图书馆行政工作的关系

图书登录与图书馆行政工作有着密切的联系：

"图书馆藏书动态簿"是图书馆藏书的总量、成分以及补充和注销的原始统计，也就是图书馆工作报告的根据和保证。

"图书馆藏书动态簿"中记载着每批购入图书的价值，因此，藏书动态簿便成了核对图书经费开支财务计划执行的重要依据。

"藏书动态簿"中的"图书财产总价值"一项，为图书馆的藏书财产保险提供了可靠的资料。

"图书馆图书财产登录簿"是移交和接收图书馆藏书的主要凭证。

（二）与图书采访工作的关系

"藏书动态簿"是采购图书的总帐，而"图书财产登录簿"则是采购图书的细帐。

"藏书动态簿"中的各项记录为编制图书补充计划提供了重要参考资料，同时也保证了按计划去采购图书。

"藏书动态簿"要求每一批图书的收入和注销都有合乎规定的单据文证，并且记载着单据文证的号码和日期，这就保证了收入和注销图书文据的完整，也就是保证了图书馆藏书的完整。

从"图书财产登录簿"中，可以了解到每一本书收入和注销的历史。

（三）与图书整理工作的关系

每本图书在加工时，都盖上图书财产登录号，而每一个图书登录号又只能是某一本图书单独占有的。因此，它把每一本书都个别化起来，从而就有助于藏书的保管。图书馆的藏书目录卡片上常常注记了每本书的图书财产登录号,以便于区别每本图书。

(四)与图书阅览和典藏工作的关系

许多图书馆常常根据图书财产登录号进行图书出纳的手续,或者依据图书财产登录号排列图书。

"图书财产登录簿"是图书馆清点图书的主要依据,这是值得特别注意的。

总之,图书登录工作是与图书馆的各项业务都有联系的。特别是与图书采购工作和读者服务工作的关系更为密切。

第二节 图书馆藏书登录方法

图书馆藏书登录法中,最主要的有两种,即总括登录法和个别登录法。除了那些藏书不满五千册,工作条件又不够的小型图书馆可以不一定要采用总括登录法外,其余的一切图书馆都应运用这两种登录方法才能保证藏书登录的完整。

另外,还有一些特种类型图书登录法,补充上述两种方法之不足。

(一)总括登录法

现分别按它的组成部分、它的作用和它的登记方法三方面来说明:

1. 总括登录的组成部分:总括登录是用"图书馆藏书动态簿"进行工作的,这个格式由三个部分组成:(见附表1-3):

(1)收进藏书部分。(2)注销藏书部分。(3)总结藏书部分。

2. 总括登录的最主要的作用概括起来说,它是为了随时可以很快地掌握图书馆的全部藏书财富的动态。如果进一步分析,它的作用又有以下各方面:

（1）总括登录揭露全馆实存藏书的总册数和总价值,以及各时期收入图书和注销图书的总册数及总价值。

（2）它指出各类购入图书的总册数,以及书籍和杂志购入的总册数和总价值。

（3）它区别出每月购入图书和非购入图书的总册数及其总价值。

（4）它指出每批图书的收入来源,并联系其附带文据,它又指出每批注销图书的各种原因及其批准注销图书的文证。

3.登录方法:

收到藏书的总括登录方法:每批收到的图书,在验收后立即登记到"图书馆藏书动态簿"上第一部分即"收进的书籍和杂志"部分中去。登记每批图书时,应分作两步来检查。

a.总括登记每批图书,以便填写"藏书动态簿"中下列各栏,如:登记日期、总括登记的号码(每一批收到的图书占一个顺序号码)、图书的来源及其附带文据的号码、该批图书的总册数及其总价。

b.分析每批图书。将收到的每批图书按照各种知识部门和语言,或者按图书形式甚至存放部门等等加以分析,其目的是为了填写"藏书动态簿"中的各栏如:"图书和杂志的分类","语文"等等。(详细的登录方法参看"苏联大众图书馆的工作")。

总括登录后,应把该批图书在"藏书动态簿"中所占有的登记顺序号码,也注写在附带文据上,以便保持原始单据与总括登录簿的联系。另外,每批收进图书的总括登录登记顺序号码,同时也记录到每批藏书图书个别登录簿上去,这样就把总括登记与个别登录也联系起来。

在总括登记簿每页的末行,作出各项总计数并把这些总计数字过录到次页的第一行,这样逐次连续总计下去,至每一季度终了时,做出一季度的总计,并把总计转到"藏书动态簿"第三部分"季度和年度总结"部分中去。

注销藏书的总括登录方法:图书注销的原因大致有下列各种,如:由于图书遗失,图书残缺,图书内容陈旧,读者不还,多余图书注销以及其它原因。每季终了时,把同一事由的注销图书分别编制在同一文据上,经馆长或上级领导批准后就可以在总括登录簿之注销部分进行登记,另外还须分别在"藏书财产登录簿中"和各种目录卡片上进行个别注销,注销图书的文据应依其顺序号装订成册,归档保存。

总结藏书的总括登录方法:图书馆于每季度或每年度终了时,应在"图书馆藏书动态簿"第三部分作出实有藏书的总结。做法是这样的:先把藏书动态簿的第一部分该季度收入藏书的各项总计数字过帐到藏书动态簿第三部分(总结部分)去与上一期总存藏书数字相加,再减去从藏书动态簿第二部分(注销图书部分)转帐过去的各项总计数字即得出结存藏书各项总计数字。

(二)个别登录法

1. 个别登录的作用:

图书馆对于收进的和注销的每批图书,除分别作总结登记外,还对每一本图书进行着个别登录及个别注销。"图书财产登录簿"是个别登录法所用的基本格式(见附表四)。"图书财产登录簿"的任务就是证明图书馆所收进的图书都已列入图书馆的财产之内。因此,它就起着下列作用:它是全馆图书财产的清册,根据它可以检查每一本书的全部历史;查明该书入藏日期,它的来源、价钱以及它何时被注销和注销原因等等。此外,"图书财产登录簿"还可以反映出图书馆在某一时期中入藏图书的具体内容和它的趋向,它是清点图书馆藏书的主要依据。"图书财产登录簿"是全馆藏书财产的一种最重要的证据。因此应当把它装订起来,逐次编上号码,写完一本图书财产登录簿,就在簿的末尾写下"从……号至……号图书登入此簿内"，由馆长签字，加盖馆章后妥为保存。

2.个别登录方法：

个别登录须于总括登录之后立即进行，以免积压和盗窃。最好将一个单据所收进的书，同时进行个别登录，不要分散。这样，就能把总结登录与个别登录更紧密地联系起来。个别登录的各项登录内容通常是根据每本书的书名页填写的。登录时，字迹要清楚，不得随意涂改。

个别登录的具体方法：第一，登录日期应填写登录图书日期，而不应填写收到图书的日期；第二，登录号应一贯连续下来，既不应中断，也不能重复每本图书占一个号码，复本书及多卷集亦应一册占一个号码。注销的图书所用的登录号，不能用其它书来顶替。在登录时，最好先在书上写上登录号，然后再把书上登录号写在登录簿上，以免错误；第三，书价以版权页的图书定价为标准，邮费及图书装订费应单独计算，不得列入书价内；第四，在藏书动态登录号一栏内应将该收进图书的动态填入，以便保证个别登录的完整性。在图书注销栏应把该批注销书的文证号填入，以便保证注销图书的正确性；第五，登录复本图书时，在著者、书名、版次各栏目下都可以用引号方法节省劳力，只有"书价"一栏不用引号；第六，一册一号一行的个别登录方法只适宜于复本不多的平装书；在复本较多的情况下，可以改一种一部。一行或一种同册（多卷集）一行，它们的登录号可以用起讫号的办法写在一行内，如果只图省纸省力而把不同的复本混淆起来，在注销图书时、在清点图书时，都会发生困难。中文线装书的个别登录法可以用一函一行和起讫登录号的写法来节省纸张和时间，如果再要精简工作改为一部多函一行的写法，那也会在注销图书时和清点图书时发生一些困难的。

3.总括登录与个别登录的区别及相互关系。它们之间的主要区别有以下两点：第一任务不同：总括登录反映图书馆藏书的收进、注销和实存总数的统计,但不记载书名。因此它就起着藏书总帐的作用;而个别登录则具体地反映收进的个别图书和注销的个别图书,但不管藏书的情况,所以它不起图书馆藏书清册的作用;第二处理方法不同:总括登录是根据收进的附带文据进行工作的,而个别登录则根据具体图书。

总括登录与个别登录固然有以上所述的区别,但它们有着密切的关系,它们是相互补充相互联系的,而且是缺一不可的,是两个有机组成部分。

图书馆如果只有个别登录而无总括登录,那就只能反映个别图书而不能掌握全部藏书的情况。在每次填写藏书统计表报时就不易搞清藏书究竟有多少,藏书价值是若干,就无异于只见树木不见林。因此,图书馆必须采用这样并不重复的双重登录,既有藏书总帐又有藏书细帐的互相补充方法,才能正确掌握图书馆藏书的家底。

在图书馆"图书财产登录簿"上进行个别登录时,每册图书的个别登录都与"图书馆藏书动态簿"的总括登录号码相联系,这就把个别登录与总括登录联系起来;又在每册图书的个别注销时,都与"图书馆藏书动态簿"的注销文证的号数相联系,这又把个别登录与总括登录联系起来。

由此可见,图书馆的藏书登录必须采取总括登录与个别登录的双重登录方法才能保证藏书登录的正确性。

在采用总括登录方法时,既不应只采用收进图书的总括登录而放弃藏书注销以及藏书结存的总括登录,也不应只总计购入图书的总价值而不对非购入的无价图书作出适当估计。如果忽视了这些要点,即使采用了总括登录,也不能充分发挥它应起的作用。

第三节　图书馆特种图书资料登录方法

特种图书资料由于它们本身的特征,使用它们的目的,整理它们的方法以及保存它们的方法与一般图书有所不同,因而在登录方法上也就有所区别。本节扼要地把报刊、小册子、教材以及分组图书资料的登录方法上的特点介绍如下:

1 报刊登录方法

杂志和报纸登记方法上的特点,是由于它们出版连续性以及它们出版期数和体积大小厚薄不一致的原因所决定的。

报纸、杂志的登录可以分为三个步骤:

报纸杂志初步登录:为了查明杂志报纸是否及时收到和完整无缺,应把收到的各期报纸杂志先行登入"杂志登录卡"或"报刊登记簿"上(见附表五、六)作为补充登录。把这些片子按报刊名称字顺排列起来,以便随到随登。如果按杂志的刊期用不同颜色的片子分开排放,那就会更易于发现它们的缺期。订有大量杂志的图书馆如能改用明见式的杂志登记片目录,在登记时即可省去抽片排片工作,而且还能够一目了然,增加查片的速度。

报纸杂志的总括登录:收到的杂志报纸装订成合订本后,按季、半年、一年陆续分别地作出杂志报纸的收进文证(格式参看"图书馆基本技术"1955年译本,页31),然后再登入图书馆"藏书动态簿中"第一部分中。

报纸杂志的个别登录:报纸、杂志经过总括登录程序后再按一般图书的个别登录方法进行个别登录,所有格式在栏目上应有一些差别,如:把书名改为"刊名,"加合订本"卷期起讫"、"单本册数"等栏。小型图书馆入藏杂志不多时就无须用分簿登录方法来进行杂志登录,它们可以把合订本的杂志与图书登在同一簿内以省物力。

苏联大众图书馆的杂志登录办法与上述的处理手续有些差别,它们通用的方法是这样:"图书馆收到一切杂志后所进行的财产登录簿登记或以单独期号(如"哲学问题"等类型的厚本杂志)于收到时立刻处理,或以若干期合订成合订本(如"新时代"等类型的薄本杂志)后再行处理。在后一种情况下,一册合订本占一个财产登录号码。"

另外,有些图书馆根据杂志的体积,它的工作任务,它的效用,以及它的读者对象范围采取有区别地对待每种杂志的登录方法,其具体措施是这样的:首先,规定各种杂志的装订单位,如哪些杂志应该以季合订本,哪些应以半年合订本,哪些是要以全年刊合订本为登记单位,最后又有哪些杂志以一个单独期号为登记单位和装订单位的;其次,图书馆收到杂志第一期时,就立即在图书财产登录簿上进行登录给以财产登录号,并把该号码分别记在杂志和杂志登记片上,如"新时代",财产登录号12567…上半年合订本;第三,把合订本杂志按一般手续进行总括登记。等杂志的规定装订单位的各期都已齐备后,下一期杂志收到后即按另一装订单位处理,办法与上相同。总之,上面两种办法的共同特点(同时也是它们的优点),就是它们进行杂志个别登录的及时性,但是它们又不免有相同的缺点,就是它们都把登录手续形成过于复杂化了,而且在工作进行过程中很可能发生登录号码上的错误,尤其是第二种方法,不等实物杂志真正入藏后就预先作为一个装订单位都登进了财产登录簿中去,这是违背图书登录工作的正确性的。对于入藏杂志数量很多的大型图书馆,上述两种方法都是不能推荐的,反不如采用头一个办法(先装订,后总登,再个别登录)既简单而又准确的好。

2. 小册子登录方法

小册子与图书没有什么严格的区别,但它有许多特点,例如它的时效性强,购入数量大,注销数量大等。因此,对小册子的登录处理方法就要求快而简单。总起来说,小册子登录步骤有二:第一步先将小册子提出二本作样本保存,按一般书籍进行登录;第二步再把其余复本小册子与一般图书分开处理,盖上"小册子藏书"印章登入单独使用的"小册子登录簿"(见附表七)。"小册子登录簿"登录方法的特别,就是把同一单据文证经过总结登录后送来的同一书名的小册子,都登在一个登录号(即顺序号码)之下,而且填注在同一行里,这就是采取一种多本一号一行的简便写法,同时在"册数"栏、"单本价"及"总价"栏分别填齐总册数之数字。但是要在每本小册子登录号前冠以"小"字,加盖"小册子藏书"印章,以便与一般图书区别开来,从而有助于它的整理和出纳工作,并在复本小册子登录号后加以斜线,标明该本小册子的复本部数(即复本次序号),如:小129/1,129/2,等等。

3. 图书资料分组登录法

图书馆对零星资料(如正式文件和指令性的资料,生产须知和业务辅导资料,教学大纲,参考通报资料和广告资料,手册和类似手册的资料,单页宣传画和非书籍形式的资料等等)常常不用个别处理方法,而改用分组处理方法来把一些印刷物或非印刷物当做一个组合的具体对象组织起来,以达到精简馆员工作而便利读者使用的目的。图书分组的全部处理过程,包括图书资料分组的选择、登录,分类、编号、编目、保管、清点和出借一系列的工作。由此可见,这种图书登录工作须与其它工作密切配合。要做好图书资料分组登录工作,首先要以正确组织图书资料分组处理的范围为工作指针,如哪些类型图书资料应该分组处理,以及哪些类型的或具体的图书资料不分组处理而应按个别处理,只有正确地掌握了这些分组选择原则之后,然后进行分组登录才有可靠的依据。

简单地说,图书资料分组处理的选择原则或范围是决定于图书馆的类型,具体图书馆的任务,它的藏书性质,图书资料的特点,以及读者的需要和用途。"新西伯利亚图书馆分组处理出版物的经验"(M. Д. 波依科娃著)一文中就举出了应该分组处理的这种图书资料的具体内容,同时在每组之下,举出例外的图书资料不应分组处理而应个别处理;另外又特别指出两类型图书资料,如各种单独丛书和连续刊物以及分组处理过的资料汇编和本地区刊物都不须分组处理。

具体的分组登录的工作步骤和方法,归结如下:"(一)在接收一批新书时就要挑出那些应该分组处理的出版物来,并在每一份出版物的正面盖一个专门的印:(××图书馆分组处理);(二)盖好印后,整批书就在总括登录簿上进行登录,另外在总括登录簿上增加一栏:(其中收到分组处理的资料,共×份,总价);(三)这一项也要在附带单据上注明,如:(分出 ГM(即分组处理的资料)××份共价××);(四)个别登录则在分组处理资料登记簿上进行,其格式如下:

登记号	定价		门类	检查记号	注销记号 (文据号和年月日)
	卢布	戈比			
53－103/1	—	15	5		
52－103/2	1	20	6		
53－103/3	—	05	0		
53－14411	—	75	3		
53－14412	—	50	3		

登记号由下列因素组成:收书年份(只记后面两个字),总括

登录簿上的登记号和每批书……每一印刷单位的顺序号。如：53 – 103／,53 – 103/2,53 – 103/3；（五）登记号记在分组资料第一页正面……"。

4. 教学用书登记法

教学用书的特点是种少册多,大批书同时借出。针对这些特点,我们就得既要在教科书登录工作中保证节省人力、财力和时间,减轻大量复本的登录工作,同时还要充分保证入藏教科书财产登录号的个别化,而且要保证每本教科书个别登录的注销。只有符合这些要求,才能做好教科书的登记工作。Ю. B. 格里戈里耶夫在"教学用法登记法"一文中所推荐的"教科书十位登录法"是能满足上述要求的(格式见附表八)。这个方法基本上是利用小册子登录簿的登录法,但它的特点就在于图书财产登录号与顺序号(复本书号)的结合使用。具体做法是:把"图书注销记号"栏分成 10 个小栏并在其上注明教科书的顺序号(复本书号)从 1 到 10,某种教科书的复本如果只有 7 本,在登录时,先给一个共同的图书财产登录号,例如 129(见附表八),再在"图书注销记号"栏的 8,9,10 三小栏下用短横线划一下,这样做就意味着图书馆缺少三本而只有七本复本,那么该教科书各复本的图书财产登录号就应组成为 129/1,129/2,……129/7(如果只有六本那么就要划去 7,8,9,10 四个小栏,其余类推)。如果超过十册,那么就要另起一行按余数进行登录了。在注销复本时,就在相应的分栏内写上该书的注销单据的号码和日期。格里戈里耶夫还建议在教科书财产登录号前加上"教"字,并在书上加盖"教学藏书"辅助章,以便出纳和清点工作。

第四节　图书馆藏书登录制度和组织

图书登录是为了保证图书的完整,但须有正确的登录制度和组织,才能达到保证图书完整的目的。

1.集中登录与分散登录问题。总括登录一定要集中,但在个别情况下,如为了掌握部门藏书的情况、为了方便部门藏书的保管的缘故,个别藏书部门对于它的辅助书库藏书也可以进行它的总括登录,但是个别登录一定要集中,尽量避免重复,以省人力、物力。除非合乎以下的几种情况,才可以分散地进行个别登录:(一)图书馆的一些附属机构如儿童分馆等,它们很早就单独进行图书补充、图书保管以及图书使用等工作,当然还可以继续进行它们的个别登录工作。(二)外文书、杂志、地图、善本书等特藏可以各自进行图书个别登录。在图书财产登录号前,应分别地加以特别符号,以便互相区别。

2.登录工作的组织。登录与采购工作有密切联系,最好和采购部或者采编部组织在一起。拥有大量藏书的大型图书馆可以单设登录股。总之,登录工作应有专人负责,并保管一切登录文件。直接保管图书的部门如书库或典藏部门进行登录工作是不适宜的。

3.登录单位与登录方法。登录单位一定要统一,这是正确地建立藏书登录工作的重要条件之一。此外,登录单位并应与出借单位和装订单位相一致,否则,就不能正确地计算出图书流通率。

为了保证登录单位的一致性,在登录各种不同出版物时,必须一贯使用每种出版物所特定的登录单位,例如书籍及小册子以"册"(印刷单位)为一个登记单位;杂志报纸以装订单位(合订本)为一个登记单位。

4. 登录方法也要有制度。

（1）格式要统一，登录方法也要统一，登录程序也要规定好。

（2）除毫无价值的出版品外，全部藏书都应及时进行登录，不然登录工作就会失去它的完整性。对于积压书的登录要根据具体情况定出合理办法。最好能把急需用的积压书尽先提出来登录整理，以便早日流通。

（3）订出估计书价的办法，对于没有定价的图书要一律估价才能得出全部藏书的总价值。

（4）登录簿不能随便涂改和撕毁，要保证它的可靠性。

5. 图书财产登录簿、图书收入文证和注销文证须要妥善保管。

第五节 图书馆藏书的移交与接收

在图书馆调换主管人时或部门负责人时，都必须进行移交藏书和接收藏书的手续，而他们交代文据报告图书财产帐目都必须以图书藏书动态簿为依据，以图书财产登录簿为凭证。做好藏书登录工作对于办理图书馆交代事务是有重要意义的。

我国到现在还缺少通行的图书馆交代条例，关于这方面的经验，如捷尼西叶夫"苏联大众图书馆工作"第三章第七节所述的一些材料是值得我们研究的。

总之，要搞好图书登录工作，必须有一套完整的、科学的工作制度。我们图书馆的图书登录制度现在都还不够健全。总起来说，我们登录制度的缺点，正是苏联图书登录制度的优点，因此，要想克服我们的缺点就必须努力向苏联学习。

苏联图书登录制度的先进经验，可概括如下：

第一，有全国一致的图书登录规格及标准方法。

第二，有藏书概括登录法保证随时总结藏书情况，帮助图书采购和图书保管的工作。

第三,有健全的收入图书文证制度和图书审核注销制度。这是登录工作上最突出的一点,这样就把图书与单据文证和登录簿子三者紧密地联系起来,使图书财产的保管建立在有充分证据与合法手续的基础上。以上所述的几点主要的先进登录制度,都是值得我们努力学习的。

图书馆藏书动态簿

第一部份　图书和杂志的收到部份

登记年月日	登记顺序号	图书和杂志的来源	附带单据号码和年月日	总收到			收到的图书和杂志												附注
				图书和杂志的总数	其中杂志的总数	总金额	（1）按内容分 图书和杂志的分类											（2）按语别分	
							马恩列斯的著作	社会政治书籍	语言学	自然科学数学	医学	技术	农业	艺术和体育	文学	地理	总额	文艺书籍	
																		幼童和学龄前儿童用的书籍	

117

图书馆藏书动态簿

第二部份　图书和杂志的注销

登记年月日	文件顺序号	批准文件的年月日	注销总数			丢图书和杂志的分类 （1）按内容分												（2）按语别分	（3）注销的原因			
			图书和杂志的总数	其中杂志的总数	总金额	马恩列斯的著作	社会政治书籍	语言学	自然科学数学	医学	技术	农业	艺术和体育	文学	地理	文艺书籍总	儿童和学龄前幼童用的书籍		老读者未还 朽数	陈旧数 其中赠偿书数	其他原因	

图书馆藏书动态簿

第三部分　图书馆藏书动态的季度和年度总计

（附表三）

| | 总数 | | 书和杂志的分类 | | | | | | | | | | | | (2)按语别分 | 附注 |
| | | | (1)按内容分 | | | | | | | | | | | | | |
	总数	其中杂志总额	马恩列斯的著作	社会政治书籍	语言学	自然科学数学	医学	技术农业	艺术和体育	文学	地理	总额	文艺书籍	幼童和学龄前儿童的书籍		
195___ 年存有																
季收到																
季注销																
195___ 年存有																
季收到																
季注销																
195___ 年存有																

119

图 书 财 产 登 录 簿

195　年

登录日期	财产登录号	著者和书名	图书馆藏书检查记号	版本			书价	装订费	图书馆藏书动态簿中的登记号	门类	图书注销记号（文据号和年月日）	附注
				出版者	出版地	出版年						

报纸登记卡　　　　　　　　（附表五）

名称　中国青年报　　（1955 年）

日期\月份	1	2	3	4	5	6	7	8	9	10	11	12	13	14	15	16	17	18	19	20	21	22	23	24	25	26	27	28	29	30	31
正月		√		√		√			√		√		√						√		√			√		√		√			√
二月			√		√		√			√		√			√		√		√			√		√							
三月			√		√			√			√		√		√			√		√		√			√		√			√	
四月	√			√			√			√			√		√		√														
五月																															
六月																															
七月																															
八月																															
九月																															
十月																															
十一月																															
十二月																															

杂志登记卡　　　（附表六）

名称　　中国青年

年	卷次	一月	二月	三月	四月	五月	六月	七月	八月	九月	十月	十一月	十二月
1955		1	3	5	7	9							
		2	4	6	8								

小册子登录簿

（附表七）

195＿＿年

登记日期	顺序号	著者和书名	版本			册数	价　值				图书馆藏书动态上的登记号	附注
			版次	出版地	出版年		单本价		总价			
						数	元	角	元	角		

122

教科书十位登录法

登记日期	财产登录号	册数	著者和书名	版（版次）	版（出版地）	本（出版年）	书价 卢布	书价 戈比	装订价 卢布	装订价 戈比	总额 卢布	总额 戈比	图书馆藏书动态 簿上的登记号	门类	1	2	3	4	5	6	7	8	9	10	附注
3/I																									
	8826	7	巴布什金娜·А·П·俄国儿童文学史	—	M	1948	13	65	В.пер		95	55	1												—
	8827	10	吉洪米罗夫·М·Н·苏联历史（第1分部）	—	M	1947	5	—	"		50	—	2						$\frac{3}{1949}$						—
	8828	5	吉洪米罗夫·М·Н·苏联历史（第1部分）	—	"	"	5	—	"		25	—	"												—

123

第十章 图书馆藏书加工过程和
图书的技术处理

第一节 藏书加工过程

(一)藏书加工的三个阶段

一本书到达图书馆后,从验收起到入库上架为止须要经过一系列的藏书组织工作,也就是藏书加工工作,才能向读者出借,这已经在第八章中大致讲过,现在再作进一步地研究。总起来说,这些过程基本上可以分成三个阶段:第一阶段,图书的验收和登录:包括图书的验收和图书的登录等工序;第二阶段,图书的分类编目:包括图书的分类编目、复制卡片、图书的技术处理和排放卡片等工作;第三阶段,典藏部点收图书和组织藏书:包括全部图书的点收和图书的排架。同时还要根据读者及工作的需要把书合理的分配给阅览室、借书处、流动书库等辅助书库或特藏书库去。

以上各种工序完成的质量如何,对于藏书的利用和藏书的保管都有很大的影响。甚至一个最小环节发生错误,例如一个书标的脱落,也会严重地影响到图书的排架和为读者服务的工作效率。

现用图表来表明图书到馆后的全部加工过程:

```
验收到馆的图书 ──────→ 在图书上加盖馆藏图章

         ┌──→ 总括登录
──→ 图书的登录 ──┤
         └──→ 个别登录 ──────→ 在图书加盖财产登录号

         ┌──→ 复制目录卡片          ┌──→ 排放目录卡片组织目录
──→ 图书的分类编目 ──┤           ──→ 检查 ──┤
         └──→ 图书的技术处理          └──→ 把图书移交典藏部入库
```

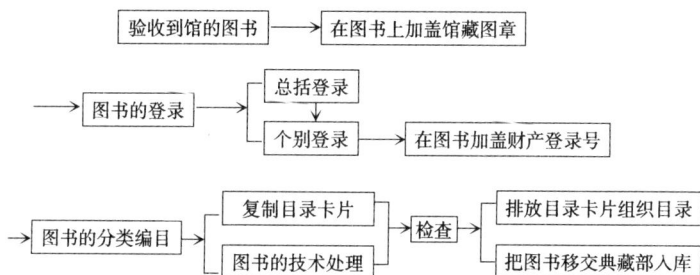

（二）图书整理过程的流水作业法

流水作业法是生产过程的一种合理组织形式。在这种组织形式指导下,劳动对象在每一个不同的加工阶段上,都严格按照规定的路线和预先计算的速度进行工作。实行了这种工作组织形式,就可以提高工人的劳动生产率、提高产品的数量和质量、节省人力和时间、并使工人工作专业化,以便不断地改进其工作,从而提高生产计划管理,为开展社会主义竞赛建立有利条件。图书馆图书加工工作的性质、方法和条件,当然与生产部门使用机器生产的情况不同,但学习其劳动组织的原理对于改进图书馆技术工作是有重要意义的。

流水作业法的基本原则是什么呢? 概括起来说,它有以下三点特征:(1)首先要有明确的分工和固定的工序,也就是把生产过程划分为若干道工段,每个工段规定有限数目的固定工序(一道至二道工序);(2)各工段不一定要采用直线形式,重要的是产品行程要最短、工作要连续,齐向同一方向前进,尽可能避免交叉运动的路线和向相反方向运动,总以达到提高生产率为目的;(3)实行流水生产作业法最重要的条件,就是各工段的产品加工时间要互相配合才能维持生产的均衡性,不致破坏工序之间的协调性,避免停工、等工现象。

因此,在实行图书加工的流水作业工作方法之前,必须具备下列各种的条件:(1)要结合本馆的实际布置具体的流水生产操作规程。当然,工作条件有变化时,还要相应地改进流水工作方式;(2)要培养全体工作人员具有整体观念和高度劳动纪律的观点,然后施行流水作业方法才有思想基础;(3)要有作业计划,才能心中有数去合理组织劳动和正确配备人力,也就是要达到定员、定量和定质的目标;(4)要有调度工作计划以便灵活地去运用流水作业方法,而解决工作和人员数量上的急剧变化。

Ю·В·格里戈里耶夫在他的"图书馆藏书的组织"第三章中把图书加工过程的要点归结如下:(1)从书籍入馆到入库上架为止,按照一定的密切联系的过程进行整理。(2)在整理过程中,应当使图书的运行是均匀的,不受阻碍和没有积压的,要求在加工过程中不断前进,不得倒退返工,并在可能时间内完成加工工作。(3)图书加工过程组织方式应当是使每一道手续都依靠上一道手续,同时又准备下一道手续,每道手续不要太繁复,应当尽可能把彼此有联系的手续接近或合并起来,发印目录片时,可附带印出书卡、书标等等。(4)在日常工作中要严格地对待图书加工过程的连续性,这对于工作的质量,图书的完整,人力和时间的节省,具有极大意义。(5)为了便利图书和卡片的整理工作,在开始这两道工序之前应把书籍和卡片分开,以便两种手续彼此独立进行。

东北图书馆早于一九五〇年即实施了中文新书整理流水作业法。但由于馆员没有思想基础,所以就不得不停办。经过几次思想改造运动馆员政治思想水平提高后,又于一九五四年把流水作业法恢复起来,工作效率提高了两倍到两倍半,现将他们的工作方法,摘录如下:

(一)中文新书整理用"流水作业法",即将中文组应进行之全部过程分为(1)点收,(2)登记和打登记号,(3)编目分类,(4)打字,(5)印刷,(6)打书码,(7)贴书标、书袋,(8)总检查,(9)分配入藏等九个工序,顺序进行,不得紊乱。

（二）在本组进行整理中之图书,应由点收同志收书起,即依登记号（总括登录号）之顺序,排于书架。其他工序一般亦应依登记号（总括登录）顺序进行之,作完之图书,仍放于原架。每一工序隔一"工作进度板",以表示其进度,工作进行完了,必须移动此板。每一工序,应注意其上下工序之进度,以保持工作平衡,避免混乱。

（三）图书的拨交和分配手续

为了建立各工作间的责任制度,图书采购部在验收、登录图书以后,把书拨交到编目部;编目部在图书整理完毕后,把书交到典藏部,以及再由典藏部将收到的书按照需要分配到各辅助书库去的时候,都要利用一定的文据,并在上面签收盖章以表示完成了交接手续。在交接图书时,以利用图书财产登录号代替书名的方法最为简便。

交接图书所用的交接文据有多种形式,如拨交单、分配簿、或卡片记录等等。各图书馆应根据具体情况确定本馆的拨交制度。

拨交和分配图书的工作是图书加工过程的最后一道工序,但不能轻视它。各部门对拨交和分配图书的工作不得积压,应及时地、迅速地完成交接图书的手续,以便使读者能够早日看到新书。

（四）图书在整理加工各阶段上动态的检查

苏联大型图书馆检查图书在整理加工过程中的运行情况有下列几种方法:

（1）"个别程序单"（见附表一）:书籍在整理过程中,每做完一道工序就做一次检查（即由该段工序的负责人签名,并注明完成工作的日期）,以便检查工作进行的情况及消灭工作中无人负责的现象。图书整理过程全部完竣后,此单可作为拨交文证来交接图书。

（2）"综合报告表"（见附表二）："综合报告表"既能检查工作进行情况，又便于统计工作，是检查图书整理过程中各工段工作情况的一种有效方法。它的缺点是手续太繁杂，图书从一个工段交到另一个工段时，必须先开"报告表"，注明每一本书的"财产登录号"和交接日期，然后再由调度员把每批书总起来，制成"综合报告表"。

我国西安航空学校从一九五四年起利用"油印登记单"作为"流水作业单"，每次印三份，一份送馆长、一份留采购部、一份随书走，作为传票性质控制藏书加工全部过程和检查各组工作情况，并起交接图书文证的作用。类似此法，刘澡生于一九三一年在他的"图书之选购"（浙江省立图书馆丛书）小册子中也提出了用四份复写的"图书登记表"来检查工作。另外，上海市人民图书馆也应用采编部流水作业分批工作记录单（见附表三）。究竟哪种方式比较宜于广泛运用，尚有待于进一步的研究。

第二节　图书的技术处理

（一）图书的技术处理的意义

每册到馆的图书，都应进行图书的技术处理（图书馆的图书装饰），以便证明各馆的图书而且使每本书都个别化。对于书籍所作的这些加工手续，统称为图书的技术处理。

图书技术处理的目的，在于便利保存图书和借阅图书。经过技术处理的书籍，就可以正确地利用它们的索书号把图书有秩序地排列在书架上，而且又能迅速地为读者找到他们所需要的图书和迅速地归还图书上架，还可以根据每册书内的书卡上的记录了解一本书流通量的多少,以及哪些读者曾经借阅过这本图书;而读者也可以根据还书日期单上的应还日期记录,以免迟还图书。因此,图书的技术处理不仅是图书馆工作中必不可少的工作,而且对于读者也有一定的帮助。

(二)图书技术处理事项

图书的技术处理大致有以下几道比较通行的手续:

一、盖章:凡是图书馆的藏书,均应加盖馆藏图章,盖章的作用有以下两点:

1. 证明书籍已属于某一图书馆的财产,借以防止盗窃;

2. 防止读者把图书误还别馆。

图书馆藏书图章,一般都盖在书名页的下方正中和书籍的最末一页。个别的图书馆还规定于书内的特定位置再加盖一个暗章。所有书内的插图、地图和表格等,都要盖章,最好盖在反面,如要盖在正面时要注意保存书籍的美观,避免妨碍阅读。

二、写财产登录号:每册图书都必须在书名页天头正中的地方和书卡及书袋的右上角打上财产登录号。

财产登录号最好用"打号机"打在书上,如果没有打号机,则改用缮写方法。

三、贴书标:为了便于排列和找寻图书起见,在每本书上贴上一个"书标"。书标就是一张长方形的或八角形的小纸片,在它的上面写明索书号(又称书码,由分类号、著者号和卷册号码所组成)。图书馆员根据这个号码就可以排列图书和取还图书。书标一般贴在书背上距离书根二公分的地方以便排放书籍。除了贴书标方法之外,对于布背书或厚平装书也有应用白墨直接在书上缮写索书号,另外再刷明胶以加固书码的方法。

四、制书卡:为了办理图书的出借手续和便于统计出借图书的次数,图书馆为每本书都做一张书卡(亦名图书记录卡)。读者借到图书后,书卡就留在图书馆内,归还图书时再将书卡插入书中。书籍每次出借都记录在书卡上。因此,馆员根据书卡就可以了解一本书的出借次数以及哪些人曾经读过这本书。在书卡的上半部标明着图书的索书号码、财产登录号、著者和书名等,下半部留作填写读者的记录。

五、贴书口袋:书口袋是用来装书卡的,应贴于图书的封底的背面距离底边约二公分。在书袋上也要写明该书的财产登录号,以便读者在归还图书时,检查书卡与书是否一致。

六、贴还书日期单:还书日期单的目的是为了提醒读者按时还书。在还书日期单上也有写着读者借书证的号码,以便馆员办理借还图书的手续。还书日期单应贴于书籍的最后一页(最靠封底的一页)上。

图书经过盖章、写财产登录号、贴书标、编书卡、贴书袋和还书日期单等等一连串手续之后,图书技术处理过程才告结束。对于临时性的小册子可以不必经过这么多的加工手续,而只在封面加盖本馆"小册藏书"印章或小册子登录号以后,即可出借阅览。

(附表一)

个别程序单

号数		
验　　收		
登　　记		
审　　核		
分　　类		
第一张卡片		
阅　　校		
送加工部		
典　　藏		

(附表二)

图书运行个别登记综合报告表

财产登录号	交 接 单 位				附注
	著录	分类	技术加工	保藏	
717576	3/1	4/1	5/1	6/1	
717577	3/1	4/1			
717578	3/1	7/1	10/1		
717579	3/1	5/1	6/1		
717580	3/1	4/1	5/1	7/1	

书卡样式：

分类号	财产登录号
书　名	
著　者	
日期, 借书人姓名	
" 　　　 "	
" 　　　 "	

还书日期单样式：

应 还 日 期		

书标样式：

分类号
著者号
卷册号

883
3050
: 4

书袋样式：

财产登录号

采编部流水作业分批工作记录　　　　　　（附表三）　　1956 年　　月　　日

批号：_____　上接批号：_____
登录号起讫：_____　至_____
　一般书　_____　至_____
　通俗书　_____　至_____
　儿童书　_____　至_____

项目	选购 种	选购 册	实收 种	实收 册
一般书				
通俗书				
儿童书				
图片				
徐汇				
蓬莱				

来源：1.
　　　2.

选购（　）订购（　）补售（　）整理（　）
选购（　）赠送（　）

选购

	样书收到	样书送出	备注	签字	新书收到
时间					
签字					
备注					

验收

	个别登记	分类	分类校对	验收时间	备注	签字	基本卡数
			校对				

验收 / 制基本卡

写书袋卡	标号码	综合校对	分目夹卡	抄单	送书	校基本卡	排目录卡	译名卡数	制卡时间
					打字写卡	腊纸校对	油印	基本卡数	备注

	卡片加工	卡片加号	备注	签字	典藏分发
时间					
签字					
备注					

132

第十一章　图书馆藏书排列法

第一节　图书馆藏书排列法的意义

图书馆的全部藏书都应按照一定的次序排列在书架上。图书在书架上的排列次序（即藏书排列方法）对于合理地保管藏书，积极地利用藏书以及充分满足读者的要求都有着极密切的关系。正确的藏书排列方法，总起来说可以起下列作用：

（一）便利图书的使用

正确的藏书排列方法可以帮助馆员提高为读者服务的效率，具体地可以达到以下的目标：第一，便于迅速地、正确地找书还书和节省馆员的劳动；第二，便于研究藏书；第三，便于向读者推荐图书；第四，一方面便于用性质相近的书籍代替馆内缺乏而又为读者所需要的书；另一方面如果图书馆藏书是采取开架式的话，那么正确的藏书排列法对于专家和科学工作者们直接寻找科学图书资料也有莫大的方便。

（二）便利图书的保管

合理的藏书排列方法，可使藏书在书库中有适当的、正确的安排，既可以节省书库面积又可以帮助馆员用最少的时间去检查和清点他们的藏书。

由此可见,图书馆的保管图书工作和为读者服务工作的好坏,在很大程度上取决于藏书的排列方法。所以,每一所图书馆都应当根据本馆的具体条件,如图书馆的类型和任务,藏书的性质,藏书的种类,藏书的数量,藏书发展计划,藏书的利用情况,闭架式或开架制,读者成分以及藏书目录的组织情况等等因素,慎重地选择正确的藏书排列方法。

图书馆藏书的排列方法有哪些呢?

图书排列方法是多种多样的。总起来说可概括为两大类:分类的排列法,和不分类的排列法(或称形式排列法)。前者是从书籍的内容出发按照知识的体系去排列图书;后者的主要排列次序不是依据书籍的内容,而是按照书籍的形式上的各种不同的特征。

第二节　分类的排列法

分类排列法的特征是按照图书的内容,知识门类,和科学的分类次序来排列图书的。因此,馆员无须先查目录就可以直接利用架上排列的图书来向读者推荐好书,和解决读者的咨询问题。同时,馆员还可以直接地了解藏书内容,发现弱点,以便提高藏书的质量。总之,分类排列法是一种灵活的排列法,不致把图书固定在一定的书架和架层上,而且可以根据读者的需要把最重要、最适用的书籍集中移到借书处附近,更便于取还书。由于分类排列法具有以上的优点,因此这种排列法就成了现代图书馆藏书的主要排列方法。当然,分类排列法也还有一定的缺点,例如:书架每层格板后面都要留下空位以备排列新书,这就造成书库面积的浪费。另外,在增加大量新书或出借图书大量还回时,藏书排架就得大批地调动,给工作带来一定的困难。如果把这些缺点与它的优点比较起来,缺点还是次要的,也是可以利用正确的排架计划去克服的。

分类排列法一般说有下列几种运用形式：

（一）单用分类号的排列法

这种排列法只在藏书极少的小型图书馆或专门图书馆，图书分类较详细，而每小类藏书数目又不太多的情况下才适用。

（二）分类字顺排列法

这种排列法是把图书先按分类号码排列，然后再按著者或书名的字顺号码排列。它不仅使同一门类的图书可以集中排在一起，而且可使同一门类中的同一著者所著书籍集中在一起，所以，分类著者字顺排列法是图书馆藏书的主要排列方法。现在绝大多数的图书馆都以这种方法来排列图书。

（三）分类——年代排列法、分类——地区排列法、分类——财产登录号排列法都是分类混合排列法的各种应用形式

前两种排列法可应用于科学或专门图书馆的特藏图书；最后一种排列法是先将图书按分类号排列再按书籍的财产登录号的次序排列，它不能把同类中同一著者的不同著作，以及同一书的复本或不同版本集中在一起，这是它的缺点。在藏书量较少时还勉强可以应用。

（四）专题排列法

这种排列法是分类排列的变态排列法，根据某一专题的内容，把有关这一专题的各部类中的图书集中排放在一起。例如在"学习'八大'文件"这一专题下，把馆藏中所有关于宣传"八大"文件的图书从经济、政治、文化教育、国际关系等各部类中挑选出来，集中排放在这一专题下面。此种排列方法可作为配合某项中心任务推荐图书或大学图书馆为某一课程集中排放指定参考书之用。

总之,分类排列法是按照图书的本质(内容)来排列图书,它能够揭露出藏书的内容,因此对于保管图书和利用藏书都很便利,是现代图书馆藏书的主要排列方法。

第三节　形式排列法

形式排列法(不分类的排列法)大约有下列几种:

(一)登录号排列法

这种排列方法不是按照图书的内容而是按照图书入藏的先后,即利用财产登录号的顺序去排列图书。这种登录排列法的排架号以及索书号就是具体书的个别图书登录号。它的最大优点就是方法简单而且又能节省书架面积,而且还能避免藏书的移动。更具体地说,用登录号排列图书对于取书,还书和清点图书都有很大的方便。但是它的优点只局限于这些狭隘的技术上特性而已。如果进一步地研究一下,就可以看出它的许多缺点来。其中主要的缺点就是这种排列方法不能表现出藏书的内容,而是无逻辑地把同类书、同一著者的图书、多卷集书以及复本书都拆散了。这样就使得馆员无法利用书籍在书架上的排列顺序去研究藏书和向读者推荐图书。因此,把这种排列方法当作图书馆的主要排列法是不适当的。但可以把能与其他排列方法如分类排列法、书型排列法等混合起来应用,作为一种辅助的排列方法。对于小型图书馆来说在它还没有正式的图书分类以前是可以暂时使用登录号来排列图书的。

(二)固定排列法

这种排列法是将书籍按照到馆先后次序或者按照其它的要

求,把图书固定地排列在固定的书架上,固定的架层上,及固定的位置上。书籍的排架号(索书号)是由书架号、架层号和书籍在该架层的顺序号混合组成的,例如:25.4/13,即表示书籍在第廿五书架,第四架层的第十三本的位置。这种排列方法的优点是书籍位置的绝对固定,不须再行移动,而且还能节省书架面积;其缺点也是没有逻辑性,把同一内容、同一著者的书籍弄得东零西散,馆员不能利用这种排列方法去积极地利用他们的图书财富。旧时代的图书馆用此种法保存自己的藏书是很普通的。但是我们现在只能利用这种排列法处理一些不增不减的而且须要永久固定保存的特藏图书,如呈缴本藏书,某某专家全部藏书等。

(三)版型排列法

这种排列法是按照书籍形式上的特征如书型大小或书籍装订式样来分组排列图书。它的优点在于充分地节省书架面积,同时还可以使书籍在架上排列得整齐美观;它的缺点与上述两种排列一样,也是没有逻辑性。这种方法不能单独使用,必须与其他方法组合起来,如书型登录排架法。采用这种排列法时最好是把图书按书型大小去进行分簿登录,手续格外麻烦。因此,把它作为图书馆的主要排列法是不合适的。对于特种类型的出版物如乐谱、图片等,因为须要把它们特别存放起来,采用书型分柜排列的方法是可能,而且也是必要的。但是必须指出,只有在入藏很丰富或者它们是计划发展对象的条件下,而且又有组织得很好的目录配合下,然后运用这样的书型分柜排列方法才会是有效的。

(四)年代排列法

这种排列方法是按照书籍出版年份的先后顺序排列图书。但是这种排列法不能单独地采用,还必须与其他排列法结合起来才能应用。如用年代——分类排列法来排列图书馆的善本书籍或国家出版局每年登记的图书;用字顺——年代排列法来排列期刊、日历等书籍。

(五)地理排列法

它的特征是将图书按照地区的划分来排列。这种排列方法可以用来排列地方文献和地图、地理地质图书资料,但不能作为图书馆中主要的排列方法。

(六)语文排列法

它的特点是首先把图书按照语文划分开来,然后再按每种语文范围内的图书,依照分类的、字顺的或其他的方法加以排列。拥有大量中外文书籍的图书馆,不便于把所藏的中外文图书用统一的分类法集中排列,所以就采用语文排列法来分开排列。但是语文排列法并不能单独地使用,必须辅以分类的或字顺的等等排列法才能正确地进行排架。在此必须提起注意的是,在决定多种语文书或辞书的排列方法时,必须结合本馆的藏书划分计划,尤其要注意具体图书对具体图书馆的主要作用,不能仅仅依书中主要使用的、讲述的文字上或书名页的著录等表面现象上去考虑处理办法。另外,多种语文书籍采用一种语文排列后,必须在其它有关的语文目录中相应地反映出来,有了这样的目录联系,才能弥补语文排列法之不足。

(七)字顺排列法

它的特点是把图书按照著者或书名的字顺顺序排列。这种排列方法不宜作为图书馆的主要排列法,因为单按字顺排列图书,虽然可以使同一著者或同一书名的图书排在一起不致分散,但是内容相同而书名不同的书籍却仍然不能排到一处,馆员还是不能利用这种排列方法来研究藏书和推荐图书。

因此,最好将字顺排列法与分类排列法结合起来,成为分类著者字顺排列法。

以上七种形式排列方法中的第一,第二和第七种方法可以单独使用,而此外四种方法就非得与其它排列法混合运用不可。但它们的特征都不是以图书内容为主要根据,而是从形式出发去排列图书。因此,馆员往往就不能直接利用图书在架上的排列顺序为读者挑选图书而必须先查目录然后才能进行工作,这样势必就影响图书的流通率和为读者服务的工作效率。

第四节 我国图书馆藏书排列的问题

我国图书馆一般都是采用分类著者字顺藏书排列方法的,由于旧的分类法存在着许多缺点,通行的著者号码表又没有,而适应图书馆需要的新分类法和著者号码表又不是短时间内可能制订出来的,同时对于藏书组织原理和方法还不够熟悉,因而我国图书馆在改进藏书排列方法过程中就出现了一些新问题。

一、登录号排列法问题

我国中小型图书馆由于缺乏可以通用的图书分类法,于是有些图书馆就利用登录号来排列藏书,这种临时措施的道理是可以理解的。但是要想赶快纠正登录排列法的缺点,要想迅速地提高指导阅读和宣传图书的效率,就必须提早把登录号排列法改为分类著者字顺法不可,而解决这个问题的关键,不仅须要赶快公布中小型图书分类法,而且还得要把适用的著者号码表同时编制出来;否则,只有正确的分类法而无新的著者号码表,要想提高排架工作效率还是不完全具备条件的。

除小型图书馆外,有些大型图书馆也有类似的排架问题,如中国科学院图书馆由于缺乏合用的图书分类法,他们把总馆的藏书暂时采用了登录号的排列方法。这种办法的效果如何呢?科学家们早已提出过不满的意见,尤其是在党和政府号召向科学进军以后,这种形式排列法的缺点更加暴露了。总之,改变他们的登录号排列法的关键,同样,是有待于新分类法的产生。

二、分类顺序号和分类书名号排列法问题

前者的排列法是先按分类号分,后按书籍在各类中入藏先后次序排,采用这样方法的有人民大学图书馆和北京铁道学院图书馆等。这个方法的优点是通过入藏顺序号来反映书籍出版的先后,从而就可以体现书籍内容的现实程度。但是要向读者宣传书籍的现实性,并不一定非通过书籍的排列法来表现不可,而比较简易可行的方法还是在于读者目录的组织工作。总之,它的优点并不是独一的,可是它的缺点确是显著的,既不能把同一类中同一著者的各种著作排在一处,也不能把同一书的所有复本及同一书的不同版本都集中在一起,这样的排列方法对于科学工作者们直接到书库去寻找科学研究资料是很不方便的。如果一定要保持这样的排法而又要纠正书籍分散的缺点,那就非得另加一些控制办法、多走一些弯路不可,效果是得不偿失的。

后者的排列法,也是先按分类号分,后按书名的符号如四角号码排。采用这种排法的有辽宁省图书馆等。对于这种排法的优点,可能认为按书名找书是符合我国读书人的习惯的,也是合乎我们目录学的传统的;可是重书名而忽视著者的找书习惯,并不是普遍存在的,大概只有借小说的,借通俗读物的以及借杂志的读者,才有这样的要求,至于专家们借阅科学著作时的出发点或者与此恰恰相反;即使读者都惯于从书名角度来借书,但是从书名来揭露藏书内容的最简便方法并不是藏书分类书名字顺的排列,而是读者目录的书名字顺目录。总之,它的优点是有很大局限性的,而它

的缺点也是比较明显的,例如,它不能把同一书的不同译本以及同书异名的本子等等集中在一起,凡是前者的缺点它也完全具备了。这样一来,科学工作者们固然不便于到书库去直接搜集图书资料,而馆员们也不能利用藏书排列来充分推荐图书。如果一定要纠正同一书籍不集中的缺点,也非得另外加上一些复杂手续不可,结果还是得不偿失。

再进一步说,为什么有人会把通行的分类著者字顺排列法放弃了,反而采用不很通行不分类顺序和分类书名字顺排列法呢?原因可能是这样:首先,他们不是不了解前者的科学性,而是过分相信后者的优越性;其次,在思想上可能偏重了工作上的创造性而忽视了工作上的继承性;第三,由于我国缺乏通行的著者号码表,这可能是促成它们不用分类著者字顺排列的一个主要原因。从前面第一第二两种藏书排列问题看来,适用的著者号码表的产生,对于我国图书馆界今后藏书排列方法的改进是有极其重要意义的。

三、固定排列法问题

目前我国有些大型图书馆,如北京图书馆,科学院图书馆以及北京大学图书馆都在研究固定排列法,如书型登录法、"书名字顺固定排列法"(把杂志按书名先排好给以固定号码,再预留若干空号以便伸缩)等等以求达到节省书库面积,避免图书经常移动,和解决馆员找书还书的目标。

当然,采取固定排列法在一定程度上是能解决上述要求的,也就是说,它有一定的优点。但是,固定排列法是不是可以无条件地应用呢?是不是能真正解决问题呢?那却须要作进一步的分析。

首先,大型科学图书馆(上所举的那些图书馆)的图书内容是多种多样的,大概说来可分两大类,就是有常用的现实书,也有偶尔需要参考的资料档案性质的书。由于藏书性质的差别,读者对它们的需要程度不相同,因此,就不能无条件地把所有藏书都用固定号码排起来。只有不常需要的参考书,如大批的旧"公报",大量用处不大的复本书,大部头的佛藏、道藏、旧教科书以及特藏的缴送本子保存本等等,才可以考虑用固定号码排架。对于那些不增不减须要保持原来完整次序的各种特藏书,及拨交过来已编的旧藏书,凡是没有分编整理过的当然可以考虑运用固定号码去排列它,至于已经编过的书,只要继续沿用原有排列号码就行,如果还要再改加固定号码去固定它那就是浪费人力物力和时间了。

第二,最现实的以及真正有效地节省大型科学图书馆的书库面积的主要关键,既不在于书籍的排架方法,也不在于新式活动书架的设置,而是在于把不常用的藏书疏散到分库去保存,因为藏书数量是与年俱增的,也是日日发展的,要想在一个容积不变的总书库中去集中收容永不变的藏书,那是不可能而且也是不必要的。

第三,藏书经常移动是不是可以避免呢?我们知道分类著者字顺排列法的缺点就是书在架上的位置不能固定下来,因而造成书籍经常移动的困难,我们也知道要完全避免分类著者字顺排列法的流动性是不可能的。但问题在于对待这种困难究竟有没有办法可以克服?关于这一点最好引用 A. B. 克连诺夫在他的"图书馆技术"第六章所讲的话来答复,他说"……图书在书架上有移动的事情,这是因为藏书的某些个别门类发展得不均衡。然而,在设计架层上地位时,计算图书馆补充的各种特点时,大可弥补这个缺点……"

第四,杂志固定排架问题

有些拥有大量中外杂志的高等学校图书馆,为了加强为科学研究服务,为了照顾目前馆员人力不够和文化水平不高,就想把原有的分类字顺排列法放弃而改用统一的固定顺序号来排列全部杂志藏书(包括已经分编过的大量旧藏杂志)。这样的措施好不好呢?从表面上看来,它似乎解决了三个问题:第一馆员从此可以按杂志名称借书了;第二不识外文的馆员可以从此有办法借还杂志了;第三图书馆可以省去正式分编杂志的功夫了。

如果再仔细想一下,就不难发现为科学研究服务创造的条件是很有限的,理由是:1.固定字顺排架不便于研究杂志的藏书内容;2.即使配备了粗分的杂志分类卡片目录也不能对读者有很多的帮助,其效果反不如粗分杂志大类的排架方法能够实际解决问题;3.完整的累积式的杂志论文索引既不具备,教员直接到书架去迅速地探索有关资料又不可能,实际上无异于增加科学研究工作上的困难;4.馆员在利用杂志去答复参考咨询问题时,也得要往返周转于杂志行列之间,徒耗不必要的劳动,反而减低工作效率。总之,这样做法也是得不偿失的。

第五,大型高等学校图书馆有没有潜力可以继续采用杂志的分类字顺排列法?

高等学校是否有潜力可以继续采用杂志字顺排列法呢?问题在于如何对待科学研究。如果真正体会到杂志对于科学研究的重要性,又如果真正重视解决教员科学研究上的困难,那就不得不调整或加深采编和参考阅览室工作人力来完成科学杂志分类排架的任务。只要能够下决心,潜力是会发出来的。

况且,图书馆并没有立刻完成全部杂志排架的必要,高等学校杂志藏书中可能都有很大部分是与目前科学研究无关的,等待将来分批整理还不迟,现在只要把迫切需要的杂志进行分类排列工作,那么,人力缺乏的情形可能不至于感觉太紧张。

第五节　特种图书排列法

(一)变通的图书排列方法:某些种类的书籍,由于其内容重要,读者用途和外部形式特殊,必须用特别的排列方法来处理。

一、马列主义经典著作

马列主义经典著作的排架问题具有特殊的意义。因为这些著作在图书馆对待读者的工作中发挥着巨大的作用。马列主义经典著作的排列方法必须有助于馆员迅速而集中地找出读者所需要的图书。同时,又能帮助馆员在读者群众中推广马列主义的书籍。

马列主义经典著作最好集中排列在一起。苏联根据托罗帕夫斯基所编的"十进分类表"规定马列主义的一切经典著作都排列在"3"的大类里。马恩著作的类号为3K1,列宁的著作为3K2,斯大林的著作为3K3。除此以外,对于马列主义著作的各种版本(如全集、选集、未发表过的著作集、单个的著作和专题文集)均给予特别的分类号。为了使馆员在介绍各类书籍时能够首先宣传马、恩、列、斯关于该一问题的著作,最好在与马、恩、列、斯著作有关类目的书籍的最前面放置代书板,板上标明有关该类的马、恩、列、斯的著作。例如在"语言学"一类书籍的最前面,应加上斯大林的"马克思主义与语言学问题"一书的代书板,板上标明该书的排架号(索书号),以便馆员寻取。

二、文学作品

文学作品是读者借阅最多的书籍,在排列时必须作特殊的处理。读者在借阅文学作品时往往只知书名,因此,文学作品的排列可以不按索书号而按作品的书名字顺次序排列,以便馆员取书、还书。苏联的文学作品多按著者号码顺序排列,同一著者所著书籍,再按书名的字母次序排列。

(二)特种书籍排列法:为了读者阅读方便起见,下列各种类型的书籍均与一般书籍分开排列,并在索书号前加一符号,以资区别。

一、普通参考书的排列法

为了使用方便,常把参考用的书籍如百科全书、字典、辞典、手册、书目等放在专门的书架上。普通参考书是馆员和读者最常用的辅助工具,所以参考书一般是不准外借的。为了标记参考用的书籍,可在封面上加贴一张颜色书标借以防止随便携出馆外。

二、通俗(自学用)读物的排列法

在通俗读物上最好也加一特别记号或书标,以与一般图书有所区别。

三、杂志(合订本)的排列法

杂志的排列法有三种:第一种排列法是将杂志与书籍混合排列,把专门性的杂志按其内容排列,综合性的杂志则归入总类中,在各门类中杂志排列在一般书籍的后面,这一种办法对于连续刊行的杂志是不适宜的,只有在入藏杂志不多的情况下还可以勉强使用。另一种排列法是将杂志与书籍分开排列,杂志在书架上按杂志的书名字顺——年代排列法排列,同一年内的杂志再按期号的次序排列,这种办法较为通行。最后一种办法是分类——字顺(杂志名称)排列法,这种方法对处理大量的科学研究杂志最为适宜。

四、小册子排列法

归入基本藏书的小册子保存本,用书夹子装订起来按照索书号排列。对于不加装订的小册子可用分组办法保存在厚纸匣中,排在各门类之后或放在藏书之前。凡复本较多的以及还未作正式处理的临时性小册子,可按照主题或字顺排在书架上以便读者利用。对于不再流通的小册子,可按照登记号顺序排列,以便清点,注销。

以上我们讲述了图书馆藏书的各种排列方法。公共图书馆的基藏图书,辅助藏书,以及专门和科学图书馆的藏书的排列,都以采取分类——著者字顺排列为宜。对特种图书就可以根据具体情况灵活采用其他各种排列方法,以达到合理保管图书和积极使用图书的目的。由此可知,图书馆通常采用的排列方法并不局限于单纯的、某一种的排列方法,而是几种排列方法同时并用。

最后必须指出,图书馆的藏书排列法必须与它的藏书目录互相配合,才能达到充分利用藏书和顺利地满足读者要求的目的。

第十二章　图书馆藏书的保管和清点

第一节　图书典藏

一,图书典藏部的任务

图书典藏部(即图书保管部)的主要任务有三:第一,保管图书馆的全部藏书,保证藏书的完整。采取措施,保持图书的清洁;第二,组织全馆藏书,供应读者借阅,统计收藏图书,分配各部门的图书以及借还的图书;第三,清点书库藏书。

二,典藏部的职能　典藏部门的职能大致包括下列几方面

(一)藏书的研究:典藏部的工作绝不是消极的保管图书,而是用积极的方法以促进图书的利用,加速图书的周转率,保证以高度质量的图书供给读者。因此,典藏部需要对图书馆的藏书进行经常的系统的研究。它的研究范围包括:首先,注意长期积压永不流通的图书,研究其原因,或建议阅览部门向读者推荐,或把它们撤出去,或用优良新书以代替它们,此外还要照顾读者对于图书的需要情况,必要时建议添购少量的复本,从而保证藏书的高度思想性和充分满足读者的需要;其次,系统的研究每类图书的使用情况,给图书补充部和阅览部提出建议;第三,馆员应当熟悉馆藏图书,特别对于新入库的图书,应及时了解、翻阅,以便馆员有足够的图书知识向读者推荐好书。

（二）藏书的组织：

典藏部应当很好地组织藏书,根据读者,服务部门的任务及读者对象的需要,把图书分配给各辅助书库以扩大藏书的运用,并从各辅助书库中收回陈旧的和多余的图书,以保证辅助书库藏书的质量。

（三）藏书的布置：

图书馆藏书的布置要达到经济书库的面积、减少藏书的大量移动、节省馆员的劳动和迅速满足读者的要求的目标。书库建筑大小是否适宜,书架设备是否灵活可用,对于合理布置藏书是有密切关系的,在学习"图书馆工作组织"课程时将有详细的研究,现在只从藏书的排列计划方面来谈这一问题。

藏书的布置要有计划,首先,应决定藏书的分库或分层排放的方法。大型图书馆的最有效地经济使用总库藏书面积的措施,正如前章所说的一样,是要把大量的罕用书籍以及那些保藏重于流通的书籍送到分库去储藏,这样才会空出书架来充分发挥总库藏书面积的作用。至于分层排放的意义对于节省馆员劳力和迅速满足读者要求的关系也很大,那就是按各类书籍使用多寡情况适当地布置在书库的各层,凡是借得比较多的一类书,它的排放书库层次就应比较低;相反地,借得比较少的一类书,它的书库层次就要比较高,只有这样变通分类表原来所规定的各类书籍的先后次序来布置藏书,才能避免馆员不必要的上楼下楼的劳动。即使在同一书库层中也要把较常用的书籍布置在上下楼梯的附近地方或借书设备的左右,才能进一步地减轻取还书籍的劳力。第二,要预先布置各类书籍所占书架数量才会减少藏书的大量移动,其办法大致是这样的,即按各类藏书原有多少架数,再估计几年之内各类藏书大约还要增加多少,撤除多少,筹出总共架数若干,以便容纳各种原有的和今后增加的藏书,避免大批藏书的调动。在具体排架

148

时还要把书架的每格多留四分之一的空位,并把大型书另用专架去存放,以替书板(标上书名,索书号等)放在原架的地位上指出大型书的书架来。这样一来,就可以减少各书架上书的经常移动和节省书架的空间。最后,还应有一全馆藏书方位图,在每一书库甚至每层书库都应有藏书排架平面图,有了这样的工具才能更合理地布置藏书,迅速地为读者服务。

上面所举的藏书布置方法,只有在大型多层的书库中才能体现出来,书库小而藏书发展又快的图书馆要有效地布置藏书,就不在于排列计划,而是在于另辟新书库或者扩建旧书库了。

三,书库的保管制度

图书馆必须有一定的书库保管条例才能使书库管理工作有所依据。下面就是几项最起码的规定:

1. 书库藏书的保管除由图书馆主管人负总责外,应由书库主任负主要责任,其余书库工作人员亦各有一定的责任。善本书库应与普通书库隔开,另辟专室储藏。

2. 入库的规则:除书库工作人员外,非经特别许可、或通过一定的入库手续如参观办法,任何人不得随意进入书库。

3. 借书、收书、排架、调拨书、注销书、修补书等应由书库工作人员负责办理,其他部门的工作人员不能代办,以专责任。排架目录亦应由书库工作人员负责保管,别人不能随便使用。

4. 应经常检查书籍在架上的排列秩序,及时地排列到库的新书和归还的图书,不得积压,并应按藏书量的多少和工作条件定出图书清点期限。

5. 应建立书库保卫工作制度,规定书库消防工作、书库卫生工作,以及书库防盗工作的制度等。关于书库卫生制度在第二节里讲授。

四,书库内藏书的迁移

迁移藏书是一项复杂而责任重大的工作。要求作到:(1)完全保障图书的安全,(2)工作简便迅速,(3)保持书籍的正确次序。

在未迁移藏书之前,首先要调查研究作好迁移藏书的计划。计划包括项目如下:第一,原来书架有多少,架层有多少,共长若干尺;第二,估计要包扎多少捆书,需要多少工作人员和多少工作日;第三,设计新房舍中书架布置的图案;第四,在新房舍、整理迁移过来的图书的计划。

计划订好后,应交全体工作人员充分讨论意见一致后再执行。

在迁移工作过程中应注意的事项:在旧藏书处搬书、捆书的人应分组分架同时进行。书捆包扎得要紧、同时又不要伤害图书。每包书上应注明类别、书架号及捆数,以防紊乱及便于查找图书。书籍运到新馆后,即按包上注明部门、书架号、门类等顺序分别上架。

在藏书迁移完毕后,应立即检查图书排列的正确性和图书在迁移过程中有无损坏的情况。如系分批迁移,则应随时总结经验、以便指导和改进下一批的工作。

第二节　图书的保管

一,图书馆藏书保护的意义

图书馆的藏书是国家的物质财富和文化财富,在充分满足读者的要求下,保护藏书的完整是图书馆的重要任务之一。苏联文化教育委员会与司法部为了保护图书馆的图书财产特颁布了"关于保护图书财产的训令",其中规定:"倘负责人因不正当行为(或怠惰)使图书遭受物质捐失时(损坏或遗失书籍,盗卖、销毁书籍,把图书馆迁至显然不适合于图书馆工作的房屋,非法将书作废,变作废纸)应酌情依俄罗斯苏维埃社会主义共和国刑法第109,111,112各条课以刑事处分"。因此,责成设有图书馆的国家机关、企业和社会团体的首长亲自担负保证图书财富完整的责任。从苏联这个决议中,我们可以体会到保护社会主义图书财富完整的重大意义。

保护图书馆的藏书应包括以下几方面工作:

(一)图书卫生

图书是用各种不同的材料如纸张、浆糊、丝线,钢丝等制成的,其中主要的成分是纸张。它既要有新鲜空气,也要有适宜的温度和湿度,它有了"损伤"和"病害"还要按时"医治"和预防才能延长图书的寿命,在一定意义上好像与人相仿,须要卫生才能延年。因此,要保证图书的安全,就得采取一系列的图书卫生措施。

第一,从清洁空气,保持温度、湿度和防止有害的光线三方面来保护图书。

为了长久的保存图书,必须要有清洁的空气,而空气的温度、湿度对于图书的影响也很大。根据科学的研究结果,书库中的温度以摄氏 16—18 为最适宜,湿度以 50%—60% 为最适。湿度过高容易使书发霉、过低又容易使书干折脆裂。所以,经常保持新鲜的,温度和湿度都适宜的空气,对于保存图书是一个重要的条件。

怎样保持空气新鲜呢?那就要有通风设备。最普通的方法要开窗户来通风,如能采用机器的通风设备就可以得到大量的标准空气(即滤过灰尘、微生物、有机物、霉菌及硫酸气的一定温度的空气)。

怎样保持常温呢?图书馆有了暖气设备就可以保持书库内的标准温度。其中以低压热水式的暖气设备最好,它散热的气温可以达到 60—70 度,而且散热均匀,无烧焦的灰尘,比较适合于保护图书的原则。

怎样防止有害光线呢?阳光及灯光对于书籍的损坏作用很大。纸张在日光的紫外线照射下不久就要变黄变脆,所以书库的采光问题对于保护图书是有很大影响的。为了防止日光直射图书,最简便的方法可以在窗口挂上窗帘或安装半透明的玻璃。

第二,从防潮、防灰、防虫、防火以及防传染病菌等方面来保护图书。潮湿、灰尘、书虫、火灾及传染病菌是损毁图书的五个最大的敌人。图书馆应采取具体的措施经常向这五种有损图书完整的敌人作斗争。

怎样防潮湿呢?书库潮湿容易使书籍生霉腐坏,防止书库潮湿的主要办法是经常开窗通风,或用机器抽风设备换以新鲜空气。其次应把染受霉菌的书籍隔离以免传染好书。隔离的书应加以曝晒,在染受霉菌的地方铺上热糠,以后再用刷子将其擦去。

怎样防灰尘?尘土会把书籍弄脏把微生物带到书里去伤书,同时灰尘能堵住书口使书页之间空气不流通,因而容易使书发霉。所以灰尘对于图书的损毁作用也很大。防止灰尘的主要办法是经常打扫书库维持书库的清洁。扫除时,最好用湿锯末擦扫地板,以避免灰尘飞扬、损坏图书。如有条件时,最好用电气吸尘器,既省人力、工作又快。根据列宁图书馆的经验,利用吸尘器每一个工作人员每天工作八小时能扫除七十五架层,约四千册书。

怎样防虫、防鼠呢？书虫的种类很多,如蠹鱼、白蚁等,这些书虫能蛀书。老鼠能咬书,它们对于书籍的危害性都很大。我国旧式图书馆(藏书楼)有丰富的防虫经验及办法。主要方法有日光曝晒、通风干燥、放樟脑丸等药品驱除书虫。但日光曝晒的时间不能长,否则就易毁书。可采用各种捕鼠器,填堵鼠洞,或用药品等方法来捕灭老鼠。另外,还要防止把食物带进书库,也不准在书库开外来的书箱以免把老鼠引进书库。

怎样防火灾呢？图书易燃,但又不能用水来扑灭火灾,因水对书籍的损害也很大。所以图书馆预防火灾的办法是:(1)书库中绝对禁止吸烟;(2)经常检查书库中的电线;(3)设置消防设备如灭火器、沙土箱、毡子等。此外图书馆还应定期检验防火设备的效用。馆员应熟知馆内的消防设备的存放地点及其使用方法,更应随时提高警惕,以防万一。

怎样防止传染病菌呢？由患传染病的读者手中收回图书时,应进行图书的消毒工作,以免传染他人。消毒剂的种类很多,但大都对纸张有害,只有蚁酸较适合于图书的消毒之用。

(二)采用装订图书和修补图书的方法来保护图书

图书经过装订以后能延长寿命,防止过早损坏。所以对于馆内的珍贵图书和常用图书应尽可能加以装订。大型图书馆为了工作方便起见,最好能在图书馆内设立图书装订组。同时馆员也应懂得装订技术,如发现读者还回的图书有破损情况时应立即加以修补。有条件的图书馆,如黏书皮、书页,展书角,擦去污点等等,可以组织读者积极分子来帮助进行旧书修补工作。

(三)宣传爱护图书,教育读者保护图书

首先应对馆员进行爱护图书教育,馆员自己不仅要用各种办法来保护图书的完整,而且也要教育读者爱护图书、文明地对待图书。只有在馆员与广大的读者共同努力的条件下,才能有效做好图书保护工作。

对读者进行爱护图书的教育必须是耐心的和经常的,借书处和阅览室的馆员在读者开始登记借书时就应当向读者说明爱护图书的意义,并请求读者细心地保护图书,以后在借书时应随时提醒读者爱护图书和及时归还图书;在读者还书时,如发现图书有损坏情形及借书长期不还的事实,应及时向读者提出批评,或处以相当的罚款。

其次,其它宣传爱护图书的内容和方法。馆员应利用各种方式,多方面的进行爱书的宣传。宣传时,应作到批评与表扬相结合,一方面表扬读者积极分子保护图书的事迹;一方面可以把盗窃破坏的图书实物和盗窃分子、毁书分子的检讨书在爱护图书展览会上陈列出来,用实际例子教育读者以吸引积极分子参加爱护图书的宣传、一同与破坏图书的现象作斗争。

(四)对待盗窃损毁图书分子的措施

图书是国家的公共财物,如果发生盗窃和损毁图书的情况必须加以赔偿。苏联"大众图书馆使用规则"中规定:"倘遇有遗失和损毁图书情形,则读者应赔偿同样书籍、或经图书馆员同意赔偿具有同等价值的书籍、或赔偿原书十倍的书价。"(第十四条)"窃取图书馆图书和故意损毁图书馆图书的读者依刑法第79条及162条规定,应负刑事责任,同时馆方应该对读者提起赔偿图书损失的民事诉讼"。(第十五条)这种规定是完全必要的,当然在执行这些规定时应使惩办与教育相结合,例如对于初犯者或毁书情节不重大者可以用警告或批评的方式给以教育,但对蓄意偷书、毁书分子,则必须根据规则严厉惩罚。总之,要想把藏书保护工作作好,除要有一定馆舍设备和装订修理措施外,还要靠馆员的努力,更要依赖广大读者群众的合作,才能有效地保证图书馆藏书的安全,防止图书过早的损毁。

第三节 藏书清点

（一）藏书清点的意义和作用 藏书清点就是关于图书登录和图书典藏全部工作的总检查,藏书清点的主要作用有三:第一,藏书清点是把现存藏书与图书馆图书财产登记簿、借出图书的书卡和其他文件互相核对,查明现在实存藏书是否与藏书记录相符合,从而保证图书财产的完整;第二,藏书清点是改进图书馆藏书保管的一种有效手段。通过清点图书,可以查明藏书保管工作的执行情况,明确图书遗失的原因,找出工作中的缺点,为改进藏书保管工作提供努力的方向。苏联图书馆学专家捷尼西叶夫曾说:"检查的目的——不仅是要确定实存的图书并检明缺少的图书,而且还要查出图书丢失的原因,并消除这些原因,";第三,通过藏书清点可以使馆员具体地认识到图书馆在图书的登录、加工、保管与使用等各方面的工作,并加强馆员努力改进工作,维护社会主义图书财富完整的责任心。

藏书清点的时期可以分为三种:

（1）定期清点:在一定的时期内清点藏书一次。藏书愈多的图书馆,清点图书工作相隔的时间就愈长。我国图书馆尚无清点藏书的统一规定,一般图书馆大概在每年年终或暑期清点一次,总之各馆应结合具体情况订出清点期限来。苏联文教机关事务委员会规定的藏书清点期限是:藏书一万册的图书馆每两年清点一次藏书;藏书一万册至五万册的图书馆每三年清点一次藏书;而藏书超过十五万卷的图书馆则与图书馆管理处商定期限,定期清点。

（2）经常的清点:如果藏书太多不便定期清点时,则可订出分批的、经常的清点计划,把图书馆的全部藏书分成若干部分,依次清点、常年进行,以求逐步完成全部图书的清点工作的目的。

(3)不定期清点:这种清点多因特殊原因而进行。例如:更换图书馆馆长或某部分的负责人时所进行的清点图书工作。藏书清点的范围可以分为全面清点与部分清点两种。总之,凡定期清点或更换图书馆负责人时所进行的藏书清点范围多是全面的;至于经常的或不定期的清点藏书的范围则多半是部分的或抽查的。如果能做到把定期清点与经常清点结合起来,也可以达全部清点的目的。

(二)藏书清点工作的三个阶段 藏书的清点是一种复杂而又艰巨的工作。要保证全部工作迅速而又准确那就需要把它分成三个主要阶段:藏书清点的准备阶段,进行清点工作阶段和总结工作阶段。在藏书清点工作的准备阶段,工作以前就须要作出如下的一系列的准备工作:首先,制定藏书清点的计划,确定工作的目的要求、作法、人员的组织及完成的日期等的计划;其次,确定清点工作组,合理地把图书馆员编成若干工作小组并确定小组负责人及小组工作的范围,同时也要指定清点工作的总负责人,以便领导全部工作并随时检查工作的进行情况;再其次,收回借出的图书,整理图书在书架上的次序及排架目录卡片的次序,整理借书处的借书记录及正在装订、修理的图书的记录等。

总之,在图书清点之前应当作好全部的准备工作,以保证清点图书时能够有条不紊的进行工作,在进行藏书清点工作阶段要做到不漏点,不重点,不错点;在进行总结清点工作阶段时要确定清点藏书实存的总册数,藏书遗失的总册数,而且还要分析它们遗失的原因,以便提出改进藏书保管工作的办法。

(三)清点藏书的三个主要方法:

第一,用图书财产登录簿清点藏书的方法。就是将现在的书籍、小册子与图书财产登录簿直接核对,这是所有清点藏书方法中最可靠的一种。它的优点就在于它的准确性。藏书不满一万册的小型图书馆可以采用这种方法清点图书。但藏书超过一万册时，用这种方法来清点便会感觉不便了，因为书籍在书架上的排列顺序一般是按照分类的次序而不是按照登录号码的顺序排列的，由于两种排列次序不相符，清点起来就增加麻烦了。这种清点方法是：一个人先从架上把书取下，念出该书的财产登记号、著者、书名，然后另一个人在图书财产目录簿上去查注。此外，对于借出的图书应用念书卡的办法来清点。因此，采用图书财产目录簿清点方法，只能有两个人同时进行工作，不便使全体工作人员同时来参加，这样就一定要拖延清点工作的时间，妨碍读者早日借书的机会。

第二，用排架目录清点藏书的方法。排架目录是专为检查图书馆藏书而编制的。它的排列顺序与书籍在书架上的排列次序是完全一致。用排架目录卡片清点藏书时可以用分组方式同时进行工作，先清点架上书，然后再查对借出书的书卡，从而就可以加速图书清点工作的完成。因此大型图书馆多用这种方法清点它们的藏书。

排架目录与现存书籍核对以后，如果照理论上讲，还得再与图书财产目录簿核对一次才能保证它的准确性，但实际做起来是不容易办到的，如果图书馆的排架目录有可靠的保管方法，只要经过一次查对也就可能查明现存图书的真实情况了，倘若发现读者目录与库藏情况有出入时，那就要把清点过的排架目录与读者目录核对一次才能保证读者的利益。

第三，用检查卷清点藏书的方法。为了加速藏书的清点工作，可利用"检查卷"（亦名统计票）方法清点藏书。这种方法是苏联图书馆的经验，就是依据馆内在书架上现存的图书及借出图书的书卡，每本书写一张"检查卷"。检查卷上简略地写明一书的索书号、登录号、书名及著者，然后再用"检查卷"与图书财产目录簿核对。用检查卷清点藏书速度较快，可以有几班人同时工作，没有排架目录的大型图书馆多用此法清点藏书。检查卷用毕应妥为封存,以备下次清点图书时继续使用。

以上我们简单说明了三种主要的藏书清点方法(关于以上三种清点方法的技术可以参看"图书馆技术"第十章第三节291——297页)。

(四)藏书清点工作总结:

藏书清点工作完毕后应及时作出各种总结,总结应包括以下几项:

(1)清点工作的简要情况。

(2)确定藏书清点的结果。其中应指明:馆内现存图书杂志、报纸、小册子有多少,借出的书籍有多少,遗失的书籍杂志、小册子有多少,值多少钱。

(3)清点后实存的图书杂志、小册子的总数与图书馆藏书总括登录簿中实存总数的比较。(等清点报告批准后再把清点查出的遗失图书的册数和价值作出注销文证,先在藏书动态总簿"注销"部分注销后在图书财产登录簿上进行个别图书的注销,再在一切有关的图书目录中注销)。

(4)检查过的文件名称。

(5)各种清单及文件。

(6)改进藏书保管及其它工作的合理化建议。

总之,清点工作质量的好坏就在于清点结果的正确性以及合理化建议的有效性。总结作好以后,应首先交全体馆员讨论,经馆长审阅后再呈送领导机关核准。